第二语言学习研究

SECOND LANGUAGE LEARNING RESEARCH

主编　蔡金亭

◆ 第 十 七 辑 ◆

入选中国学术期刊网络出版总库、CNKI系列数据库、国家哲学社会科学学术期刊数据库和国家哲学社会科学文献中心

外语教学与研究出版社
FOREIGN LANGUAGE TEACHING AND RESEARCH PRESS
北京 BEIJING

图书在版编目（CIP）数据

第二语言学习研究．第十七辑 ：汉文、英文 / 蔡金亭主编．-- 北京 ：外语教学与研究出版社，2024．6．-- ISBN 978-7-5213-5314-3

Ⅰ．H003

中国国家版本馆 CIP 数据核字第 2024C1S962 号

第二语言学习研究 第十七辑

DI-ER YUYAN XUEXI YANJIU DI-SHIQI JI

出 版 人 王 芳
责任编辑 毕 争
责任校对 陈 阳
助理编辑 许心怡
封面设计 范晔文 彩奇风
出版发行 外语教学与研究出版社
社 址 北京市西三环北路 19 号（100089）
网 址 https://www.fltrp.com
印 刷 北京九州迅驰传媒文化有限公司
开 本 787×1092 1/16
印 张 9
字 数 180 千字
版 次 2024 年 6 月第 1 版
印 次 2024 年 6 月第 1 次印刷
书 号 ISBN 978-7-5213-5314-3
定 价 25.00 元

如有图书采购需求，图书内容或印刷装订等问题，侵权、盗版书籍等线索，请拨打以下电话或关注官方服务号：
客服电话：400 898 7008
官方服务号：微信搜索并关注公众号“外研社官方服务号”
外研社购书网址：https://fltrp.tmall.com

物料号：353140001

记载人类文明
沟通世界文化
www.fltrp.com

卷首语

蔡金亭

本辑共有10篇论文，包括5篇实证研究、4篇研究综述和1篇书评。其中，大部分论文由成果丰硕的老师与锐意进取的研究生合作完成。这说明，在我国外语界，老师倾囊相授，学生虚心好学，师生薪火相传，正在共同推进我国二语习得研究。

在5篇实证研究中，前2篇的研究对象都是二语句法，但视角不同，第一篇是从二语句法加工视角展开研究，第二篇是从功能类型学视角考察中介语句法本身。后3篇论文反映了积极心理学与二语研究之间学科交叉研究的蓬勃发展。于翠红、阎睿采用视译任务，将理解任务与产出任务相结合，考察了句法和语义歧义对中国学习者英语简化关系从句加工的影响，以此来检验国际上的相关理论观点。李铖超、杨连瑞和张雨通过比较不同二语水平学习者产出英语迂回结构的情况，来推断汉英中介语迂回结构发展规律。王国萍的研究突破了情绪影响二语的早期思路，转而探究外语成绩对愉悦度的影响，得出了肯定的答案，从微观角度说明学好外语的确能增强幸福感。刘松涛、黄婷婷基于大样本调查，发现心理韧性与二语动机性行为之间呈显著正相关，而且前者能较好地预测后者。潘楚欣、徐学平针对交际意愿这一热点，同时分析了它对语用行为和语用意识的影响。

4篇研究综述的话题都是二语习得研究的热点，每篇论文的作者中均有业内方家。围绕这些热点已经有较多实证研究，因此需要对这些话题的研究现状进行盘点，达成共识，发现争议，瞄准未来。其中，王敏深耕互动协同研究多年，她与硕士研究生宋昭杰的论文梳理了二语互动协同研究的现状与趋势。魏行在结构启动研究方面颇有建树，他与硕士研究生戈智博对该二语句子理解中结构启动的近期研究进行了回顾与思考。李利是心理语言学领域的行家，她带领博士研究生陈瑶和硕士研究生陈若琳讨论了语料输入特征对语言统计学习的影响。生成语言学虽然在国内受到冷遇，但其国际影响力依然很大，值得重视。为此，一直坚守在该领域的李民带领硕士研究生郝俊杰，采用范围综述法，对该领域中备受国际关注的二语句法—语用界面习得研究进行了梳理。

书评栏目推荐的是Xiaofei Lu（陆小飞）的新著*Corpus Linguistics and Second Language Acquisition*，该书促进了语料库语言学方法进一步运用于二语习得研究。

（作者为本辑执行主编）

《第二语言学习研究》第十七辑

（2023 年 12 月）

目　　录

Second Language Learning Research

Number 17 December 2023

Empirical Studies

Review Articles

Book Reviews

句法与语义歧义对中国大学生英语简化关系从句加工的影响*

烟台大学 于翠红 阎 睿

提要：本研究旨在通过视译任务，考察中国大学生英语简化关系从句的加工特点。结果显示，当论元结构完整时，目标句理解和译语产出受句法和语义歧义影响最小，译文质量最优；当论元结构不完整时，中国大学生或受介词歧义效应影响，侧重被动结构的产出而忽略语义表达，致使译语逻辑不佳，或受花园路径效应干扰，侧重译语语义表达，不能准确呈现原句的被动结构，译文质量较差。研究还发现，中国大学生倾向于利用词汇、语义和句法线索进行歧义消解，但各线索的依赖权重随歧义形式而有所不同，有些线索也可能会产生误导。相关发现支持“足够好”模式，对于进一步探讨二语学习者的句法和语义协同机制也具有一定启发。

关键词：句法；语义；歧义消解；简化关系从句
DOI:10.20054/j.cnki.sllr.2023.17.001

1. 引言

英语关系从句通常借助关系词（关系代词或关系副词）与主句建立联系，其中，定语从句，作为一类用以修饰名词或代词的关系从句，包括限定性定语从句和非限定性定语从句两类。与关系词不能省略且主句与从句常以逗号相分隔的非限定性定语从句不同，限定性定语从句与主句之间无逗号分隔，且关系代词在从句中承担宾语时常常省略，由此形成简化关系从句（reduced relative

* 本文系教育部人文社科基金项目“汉语框式结构二语认知加工机制研究”（项目编号：22YJA740038）的阶段性研究成果，同时受到烟台大学研究生科技创新基金重点项目“中国学习者英语虚拟位移认知加工研究”（项目编号：KGIFYTU2303）资助。

clause，RRC）。若关系从句为被动结构，其形式为“V-ed+by+NP”，如例（1）和（2）下划线标记部分。规则变化的“V-ed”既能承担谓语动词的功能，也能承担过去分词的功能，因而容易触发花园路径效应（garden path effect）。花园路径效应最早由心理语言学家 Bever（1970）提出，指人们会按照常规方式理解句子，但读到后面发现句法分析有误，只得返回分叉点重新进行分析。例如，在理解例（1）和（2）时，解析器（parser）会根据初始句法分析做出 the thief 和 arrested 为主谓关系的判断，并将 by 后面的 NP 视为施事角色（agent）。若 NP 恰巧具有生命性（animacy）特征，如例（1）中的 the guard，则匹配顺利，解析成功；若 NP 不具有生命性特征，如例（2）中的 street，其与动词产生的错配会导致句法歧义，迫使大脑解析器对相关词汇、语义、语境和句法线索进行再分析（reanalysis）。此时，能否跳出 by 作为被动标志的藩篱，在于其语义歧义能否获得消解。可能之一，发现该词的其他意义（如“在……旁”），进而摒弃其作为被动标志的预测，顺利完成句法和语义的整合。可能之二，未能提取到 by 的其他意义，无法摆脱初始阶段的句法束缚，产出不完整或错误的语义解析。

（1）The thief arrested by the guard scared the girl.

（2）The thief arrested by the street scared the girl.

事实上，受限于解析器的句法和语义加工偏好，中国大学生在理解英语简化关系从句时，时常受到先入为主的被动预期影响，致使其语义解歧往往涉及对初始阶段句法预测的摒弃和重新调整。分析制约中国大学生英语简化关系从句歧义消解的因素，有助于探讨句法与语义之间的协同机制，揭示二语句法加工中待选线索的激活强度对题元关系（thematic relation）的动态制约机制。

2. 研究背景

当前，围绕简化关系从句加工的研究主要存在两种观点：一种认为学习者能够建立完整准确的句法结构，另一种则认为学习者无法完全消除最初错误分析时建立的结构（Slattery *et al.* 2013）。前者以花园路径模型（garden path model）（Frazier & Fodor 1978）和基于约束的模型（constraint-based model）（MacDonald *et al.* 1994；Trueswell *et al.* 1994）为代表，倡导大脑解析器从心理词库（mental lexicon）中提取词项，并根据语法规则对词项和句子结构进行整合，直至最后完全准确地把握句子意思。后者以“足够好”模式（good-enough approach）和“有噪信道模型”（noisy channel model）为代表，提出语言加工具有局部性和语义表征的不完整性（Ferreira & Patson 2007；

Ferreira *et al.* 2002；Fujita & Cunnings 2020；Zhang & Ding 2020），因为解析器有时因预判曲解实际语义，对输入信息进行调整、删除或添加（Christianson *et al.* 2001；Kuperberg & Jaeger 2016）。Ferreira & Qiu（2021）曾以“The dog was bitten by the man.”为例对此进行阐释：尽管 man 为施事、dog 为受事（patient），但解析器会自主调整 dog、bite 和 man 三者的关系，生成与实际信息不符但与经验图式相符的主动结构“The dog bit the man.”。

对于二语加工出现的不完整甚至错误理解或表征问题，目前存在句法说和语义说两种解释。持句法说的学者（如 Clahsen & Felser 2006；Gibson *et al.* 2013；Gibson *et al.* 2019；卢华萍、吴明军 2021）认同浅层结构假说（shallow structure hypothesis），坚持句法结构再分析失败是导致语义解析不够完整的根本原因，因为二语者构建的句子表征通常不符合实际的句法细节，在二语歧义句理解中也很少依赖句法结构。也有一些学者（如 Ferreira *et al.* 2002；Fillenbaum 1974；顾琦一、程秀苹 2010；侯建东 2014）认为，有违实际的语义推理结果并非源于不成功的句法结构再分析，而是语义滞留效应（semantic persistence effects）所致，即解析器在再分析阶段未能清除初始阶段依靠句法结构预测整合出的语义，这些滞留的语义在抑制句法结构再分析的同时，还激活其他不符合预期的词项。不仅如此，由于解析器建立起来的句法结构非常脆弱且易消退，需要即时的语境信息或已有经验图式支持，才能在短时记忆（short-term memory）中停留，否则就会产生不完整甚至错误的解析（Sachs 1967）。Slattery *et al.*（2013）指出，再分析过程是大脑解析器基于记忆对信息进行保留与丢弃的过程，有时会出现缺陷，只能达到“足够好”水平。Jacob & Felser（2016）、陈士法等（2022）基于眼动技术的研究结果也表明，中国学习者在加工英语句子的过程中，前期的错误理解在句法解歧线索出现后仍未被清除，出现了语义滞留效应。Gerth *et al.*（2017）认为，不管母语中有无对应的句法结构，中等至高水平二语学习者都能够在加工中注意到有助于消解歧义的形态句法线索，这一点与母语者相似，但与母语者不同的是，二语学习者即便意识到句法线索的存在，也几乎无法准确解析出句子的意思。但 Tan & Foltz（2020）不认同该观点，主张母语者和二语者的句子加工模式相似。

当前，针对中国大学生的简化关系从句加工研究主要采用理解性判断任务进行（如 Xie *et al.* 2022；卢华萍、吴明军 2021；曾淑萍 2016；曾涛、赵龙 2021），但少有研究将其与产出数据相结合，探讨可能的歧义消解机制。基于此，本研究融合行为研究中的反应时数据和视译产品分析，多维探讨句法和语义歧义对中国大学生英语简化关系从句加工的影响，具体回答两个问题：

1）简化关系从句的句法和语义特征如何影响中国大学生的视译速度和质量？

2）中国大学生英语简化关系从句的歧义消解呈现怎样的线索偏好？

3. 研究设计

3.1 受试

国内某大学 62 名英语翻译专业学生有偿参加了本项研究。受试母语均为汉语，英语学习经历相似，采用牛津大学和剑桥大学共同研发的快速分级测试（quick placement test）对受试英语水平进行测试，均属于中级英语水平学习者（得分区间为 40~48 分）。

3.2 实验设计及材料

鉴于歧义引发的再分析、消解、表征的重构等现象贯穿句子理解的全过程，本研究不对目标句进行人为切分，而是将句子完整地呈现给受试。实验所用英语简化关系从句均为“NP1/VP1+PP+NP2（歧义区）/VP2/其他”结构，根据嵌入部分（VP1+PP+NP2）的词汇特征，将目标句分为 3 个类型：by+N[+Animacy]（T1），by+N[-Animacy]（T2），in/on/at+N[-Animacy]（T3），作为本研究的自变量。因变量为句子理解中的单个词汇用时（以下简称平均理解时间）、产出中的单个词汇用时（以下简称平均产出时间）、信息忠实度、语义准确度、译语流利度以及视译总得分。研究充分参考 Townsend & Seegmiller（2004）和 Malaia *et al.*（2009，2012）实验中使用的刺激材料。为避免词汇熟悉度对加工产生影响，我们组织受试对其中的名词和动词进行专门学习，经即时测试和间隔一周的后测，将出错率较高的词汇进行替换，并进一步组织 20 名不参加研究的大学生进行材料熟悉度和难度评定，最终确定每一类型各 12 个句子，共 36 个目标句（见表 1）。

表 1. 实验材料举例

类型		例句
T1	by+N[+Animacy]	The thief arrested by the guard scared the girl.
T2	by+N[-Animacy]	The thief arrested by the street scared the girl.
T3	in/on/at+N[-Animacy]	The thief arrested on the street scared the girl.

为避免重复效应，我们将 3 个类型的目标句按照拉丁方设计分为两组，同时匹配 18 个干扰句（如“He bought that area and set up a factory in a month.”），以便诱导更真实的反应。研究利用 E-prime 进行编程，刺激材料随机呈现。同

一批受试完成第一次实验后，间隔两周，再进行第二次实验。

3.3　实验流程

受试随机在已经安装了实验程序的语音室电脑前就座，输入必要信息后开始实验。屏幕上出现指导语，介绍实验流程及要求。之后是练习环节，帮助受试熟悉实验操作。屏幕中央首先出现一个红色符号“+”，800 毫秒（ms）后，自动呈现目标句，受试需要在规定时间内完成目标句理解，之后按空格键进行口译，口译完毕再按空格键进入下一题。为帮助受试把握时间，练习环节的目标句理解和口译之后设有反馈界面（持续 800ms），显示所用时长。练习环节结束后，受试可点击 Q 返回练习环节或点击 P 进入正式实验环节。正式实验环节与练习环节的唯一不同在于正式实验环节没有反馈界面。

3.4　评分指标及方法

本研究充分借鉴刘进（2011）的口译评分标准和尚小奇、李德超（2022）的口译评估分项和权重（见表 2），由 3 位具有口译研究经验的人员先对口译评估分项的依据进行探讨，确定标准，然后将视译结果进行转写后，按照信息忠实度、语义准确度和译语流利度各 10 分，对每个目标句的口译产出进行评分。为使分值更加客观，研究采用 3 位人员各项目打分的平均分，并在获得 3 项得分后，按照表 2 所列各项占比，算出每一受试的总分，满分同样为 10 分。然后，利用 SPSS 对获得的视译分数和反应时数据进行统计分析。

表 2.　视译分值评定标准

评分项目及占比	扣分依据
信息忠实度（60%）	断句、衔接
语义准确度（30%）	错译、漏译、冗余
译语流利度（10%）	停顿、重复、修正

4. 研究结果

考察中国大学生英语简化关系从句加工中的歧义消解和线索使用，需要综合其理解和产出过程中的反应时和视译产品进行分析。为此，我们首先对不同类型目标句的理解和产出用时进行比较，然后从信息忠实度、语义准确度、译语流利度以及总分 4 个方面对 3 类目标句的视译结果进行分析，从加工速度和视译产品质量两个维度展示语义、句法特征与目标句理解和口译产出之间的关系。

4.1 不同类型目标句的理解和产出用时比较

将两次实验收集到的反应时数据进行整理，剔除极端值、超过 2.5 个标准差以及无产出内容的数据（共占总数的 11.3%），获得每一类型目标句的平均理解时间和平均产出时间。反应时分析结果显示（见表 3），目标句理解时间远超其口译产出时间。说明受试在口头输出之前，已经进行了较为充分的信息分析。3 种类型目标句的平均理解时间为：T1<T3<T2，平均产出时间为：T2<T1<T3。显然，T1 类目标句理解用时最短，T2 类理解用时最长，但两类目标句的产出时间（1106ms 和 1091ms）相差不大，均比 T3 类目标句产出用时（1134ms）要短。从反应时看，虽然中国学习者在理解 T2 类目标句时面临的挑战最大（2144ms），但其产出用时反而最短（1091ms）。

表 3. 不同类型目标句的平均理解时间与平均产出时间（ms）

类型	平均理解时间		平均产出时间	
	均值	标准差	均值	标准差
T1 by+N[+Animacy]	1830	751	1106	507
T2 by+N[-Animacy]	2144	938	1091	415
T3 in/on/at+N[-Animacy]	2042	871	1134	496

分别对理解时间和产出时间进行单因素方差分析发现，3 种类型目标句的理解时间存在显著性差异：$F(2, 57)=7.601$，$p=0.001$，但产出时间无显著差异：$F(2, 57)=0.469$，$p=0.626$。事后多重比较结果显示，T1 与 T2 之间、T1 与 T3 之间，在理解时间上都存在显著差异（$p<0.05$），但 T2 与 T3 未达到统计学意义上的显著性水平（$p>0.05$）。

4.2 不同类型目标句的视译产品质量比较

信息忠实度反映受试口译产出的语义和句法合理性程度，语义准确度指译语在多大程度上正确传达了原文的意思，译语流利度关注译语产出的过程是否流畅。从表 4 所列数据来看，在流利度指标上，3 种类型差别不大，但在信息忠实度方面差别较大：相比 T1（7.791）和 T3（6.673），T2 得分最低（4.561）。在语义准确度上，T1（8.782）与 T3（8.522）比较接近，均高于 T2（7.187）。综合 3 个方面的总分，T1 翻译质量最高（8.081），其次为 T3（7.327），T2 得分最低（5.663）。通过上述数据分析，不难看出，受试在翻译 T2 时出现的问题最多。

表 4.　不同类型目标句视译分数均值与标准差

类型	信息忠实度		语义准确度		译语流利度		总分	
	均值	标准差	均值	标准差	均值	标准差	均值	标准差
T1	7.791	2.983	8.782	1.983	7.718	2.188	8.081	2.289
T2	4.561	2.354	7.187	1.196	7.701	1.824	5.663	1.670
T3	6.673	3.470	8.522	1.784	7.664	2.025	7.327	2.494

进一步的单因素方差分析结果显示，3 种类型目标句在信息忠实度、语义准确度以及总分上均存在显著性差异，分别是：$F(2, 57)=65.562$，$p<0.001$；$F(2, 57)=55.349$，$p<0.001$；$F(2, 57)=69.328$，$p<0.001$。但在译语流利度上差异并不显著，$F(2, 57)=0.042$，$p=0.958$。事后多重比较分析结果（见表 5）表明，在信息忠实度和总分上，3 种类型之间均存在显著性差异（$p<0.05$）；在语义准确度上，除 T1 和 T3 之间的差异未达到统计学意义上的显著性水平（$p>0.05$）外，T1 与 T2 之间、T2 与 T3 之间都存在显著差异（$p<0.05$）。

表 5.　不同类型目标句各项得分指标事后多重比较

	类型		均值差	标准误差	*p*值
信息忠实度	T1	T2	3.230	0.286	<0.001
	T1	T3	1.118	0.282	<0.001
	T2	T3	–2.112	0.284	<0.001
语义准确度	T1	T2	1.595	0.163	<0.001
	T1	T3	0.230	0.160	0.106
	T2	T3	–1.335	0.162	<0.001
总分	T1	T2	2.418	0.210	<0.001
	T1	T3	0.754	0.207	<0.001
	T2	T3	–1.664	0.209	<0.001

5. 讨论

语义和句法分别对应由概念和事实组成的陈述性知识系统和由序列与规则组成的程序性知识系统（Ullman 2006）。英语简化关系从句的视译过程既受到花园路径效应的挑战，也是两大知识系统协同作用的结果。据此，我们着重从语义和句法歧义以及受试依赖的消歧线索两方面进行讨论。

5.1 语义和句法特征对简化关系从句理解速度和译语产出的影响

除了作为简化关系从句的嵌入部分外，3 种类型目标句并无区别，但根据表 3 和表 4，受试在 3 类目标句的理解与产出速度以及多项视译得分指标上均存在不同程度的差异，说明嵌入的简化关系从句对中国大学生整句加工产生了重要影响。总体来看，论元结构完整且 NP2 生命性特征与嵌入动词被动表达相吻合的 T1 类目标句，视译质量最优。对于论元结构不完整（缺少嵌入动词的施事成分）的 T2 和 T3 而言，前者视译难度更大。T2 使用语义和句法上有歧义的介词 by，T3 使用无语义歧义的 in/on/at，除介词不同外，两类目标句完全相同，因此可以推断，介词的歧义性是造成二者之间差异的重要原因。总结上述分析，有以下两个发现。一方面，论元结构的完整性会影响简化关系从句的理解速度和译语产出。当论元结构完整时，认知资源消耗较少，加工速度更快，视译质量高；反之，则会加大认知负荷，减缓加工进程，视译质量下降。另一方面，T2 中 VP1 的过去分词形式与 by 结合恰好符合被动结构的特征，该特征与 NP2 无生命性之间的冲突对简化关系从句的视译过程具有很大干扰性，这也可以解释为何 T2 平均理解时间最长但视译得分最低，尤其在信息忠实度方面表现得最为明显。

5.1.1 句法歧义对简化关系从句理解速度和译语产出的影响

对 T2 嵌入成分的视译结果进行分析发现，比较普遍的错误有 3 类。其一，37.7% 的受试直接将简化关系从句中的无生命 NP2 作为 VP1 的施事进行翻译，如例（3a）中 praised by the stage 直接被译为“被舞台称赞的”。其二，省略 VP1，将实际意义为“在……旁边”的 by 译为较为笼统的“在……上 / 里”（12.3%），如例（4b），嵌入动词 grabbed 被漏译的同时，by the airport 被译为“在机场”而非“在机场旁边”；或只翻译作为被动的 VP1 信息，将难以处理的 by+NP2 直接省略（17.9%），如例（3c）中并未出现 the stage 的相关信息。其三，5.8% 的受试利用与 NP2 地点相关的有生命实体替换无生命实体，如例（4c）将 the airport 翻译为“机场人员”。该质性分析结果与表 4 所示 T2 视译结果在信息忠实度上偏低是一致的。

（3）a. The artist praised by the stage impressed the audience.
　　b. 被舞台称赞的艺术家给观众留下了深刻的印象。
　　c. 被表扬的艺术家给观众留下了深刻的印象。
（4）a. The kid grabbed by the airport shouted for help.
　　b. 这个孩子在机场大叫着寻求帮助。
　　c. 被机场人员抓住的孩子大声寻求帮助。

不管上述哪类情况，可以肯定的是，VP1 的过去分词形式与 by 组合产生的被动预期，对句法分析产生了影响。因为，与 T1 相比，T2 的理解用时显著变长，说明受试对于将无生命实体作为 VP1 的施事是有所考虑的，即虽然意识到 airport 和 stage 的无生命特征，但在句法预期的驱动下，无视语义合理与否，仍将 NP2 的语义强行嵌入到句法框架中。这符合 Kaschak & Glenberg（2004）和 Van Gompel *et al.*（2006）的观点：先前句法预测会对后续语义分析产生影响。T1 和 T3 在视译质量方面的差异，也可以为该观点提供佐证。首先，T1 的嵌入成分“VP1+by+NP2[+Animacy]”作为典型的被动结构，能够引导受试跨越花园路径效应，做出被动语态是后置定语的判断，加之在后续加工中，NP2 的生命性特征能够顺利承载动词指派的施事角色。既然初始句法预测与语义相匹配，就无需进行再分析，极大地节省了认知资源，因此理解时间最短、视译质量最高。相比之下，T3 的理解时间较长（2042ms）和产出时间最长（1134ms），因其嵌入成分缺乏显性被动标记词 by，产生花园路径效应的可能性均大于其他两种类型，但与此同时，由于 VP1 与 in/on/at+NP2[-Animacy] 之间不太容易产生被动预期，一旦在语境的帮助下完成句法结构的再分析，确定嵌入成分的定语特征，产生误译的概率随之降低。

“足够好”模式可为上述分析提供理论支持：语言使用者对于句子的理解往往是浅显且不准确的，仅仅是足够好的程度而已。从目标句的视译结果来看，句法结构在其中发挥了主导作用。换句话说，by 与 NP2 的结合会产生两种结果：促进加工（如 T1），理解速度快，视译质量高；阻碍加工（如 T2），理解速度慢，视译质量低。虽然被动特征较弱的 T3 有可能触发花园路径效应，导致理解和加工速度变缓，但对视译质量的影响较小。

5.1.2　语义歧义对简化关系从句理解速度和译语产出的影响

Townsend & Seegmiller（2004）曾指出，在动词具有及物性特征的简化关系从句中，花园路径效应仅在介词不是 by 的情况下出现。也就是说，当介词为 in/on/at 时，极易触发花园路径效应，造成理解速度变缓；而介词为 by 时，不会触发花园路径效应，其用时应短于前者。但从表 3 数据看，介词为 by 的 T2 理解时间长于介词为 in/on/at 的 T3（2144ms>2042ms），虽然 T3 在产出时间上略长于 T2（1134ms>1091ms），但表 4 各个指标显示，T3 的视译质量（信息忠实度、语义准确度和总分）显著高于 T2。鉴于 T2 和 T3 都存在论元结构不完整（即 VP1 施事缺失）的情况，二者之间的差异仅在于介词不同，可以推断，T2 的理解速度和视译产品质量与 by 的语义有关，因其既是被动标记词，表达“被”的意思，也可作为一般介词与地点名词组合表方位，意为“在……

旁边”。相比之下，T3 的介词 in/on/at 语义较单一，不太容易引起歧义。

具体而言，by 携带的显性标记会率先引导受试作出被动结构的预测，这虽然会在一定程度上减弱花园路径效应的强度，但同时也会触发 VP1 施事与 NP2 无生命特征之间的语义冲突。根据 Michaelis（2004）的构式压制（coercion），如果构式句法框架和填充词的语义发生冲突，语言使用者会通过语义转换等方式进行协调以满足该构式的句法规约，如果词汇符合构式语义要求（如 T1），则分析顺利；如若遇到结构不完整且介词歧义性高的 T2（by+N[-Animacy]），伴随后续名词的语义激活，其无生命性特征也一并激活，此时，如果解析器发现该名词不能承载动词指派的施事角色，就会进行再分析。然而，本研究中，只有极少数受试（约 5%）能够在再分析过程中成功激活 by 的方位义，产出准确的译语。相反，大部分受试不是将无法填充到预期结构中的词项摒弃（如 NP2 或 VP1），导致信息忠实度和准确度受影响，就是直接按照被动语态的形式将之译为“被 N[-Animacy] 所 VP1 的”。Sturt（2007）将这一现象解释为语义滞留效应，认为只要 by 作为被动显性标记词的意义持续存在，解析器就会维持初始加工作出的预测。由此可见，by 表达“在……旁边”的语义能否被激活直接决定着再分析是否成功。

5.2 二语简化关系从句视译中的歧义消解线索偏好

Gerth *et al.*（2017）指出，中等水平二语学习者在阅读中能够感知句法线索，但这并不代表他们一定能够准确理解句子意思，因为有些强句法线索一旦激活，往往很难跳脱，若后续语义与基于句法线索预测的结构相匹配，该线索会促进加工，反之则不利于加工。本小节结合前文语义和句法特征对视译影响的分析，考察中国大学生在该过程中体现出的消歧线索偏好。

研究显示，受试歧义消解所依赖的词汇、句法、语义线索最终体现于 VP1 的曲折词缀、by 的显性被动标记以及 NP2 的生命性特征这 3 个因素。动词形态标记“-ed”与显性被动标记词 by 的组合属于强句法线索，该线索会引导受试按照“受事 + 动作 + 施事”进行初始加工。若 NP2 的生命性特征与施事相匹配，加工顺利；反之，加工受阻。在 T1 类目标句加工中，NP2 与施事匹配，初始解析成功，理解速度快且译语质量优；但在 T2 中，NP2 不具备 VP1 要求的生命性特征，无法承载施事这一题元角色，受试只能进行再分析。然而，由于初始分析形成的被动句法线索过于强大，压制了 by 方位义的激活，在最终的语义整合中出现两种情况：其一，无视语义的合理性，将 NP2 填充到施事位置以迎合初始结构预测，如例（3b），或曲解词项含义，将之替换为有生命性特征的名词，如例（4c）。其二，抛弃之前的句法预期，完全依靠语义线索进行后续加工，即通过删除或添加部分信息，生成表面看起来符合逻辑的表达，如例（3c）和（4b）。虽然此番再分析用时较长，但由于没有建立在正确的句法框架之上，视译产品不可避免存在局部性错误和语义表征不完整等问题，译语质量最差。

T3 类目标句不存在 by 歧义线索导致的语义滞留问题，大部分学习者可以成功解析语义。值得注意的是，视译结果分析显示，约有五分之一的受试按照"施事 + 动作 + 受事"依次进行译语构建，如例（5）就是完全忽略 recognized 作为嵌入成分的句法功能，直接将之与 opened 进行并列，生成"认出公司并打开门"这样的连动表达。根据扩展论元依存模型（extended argument dependency model），该类花园路径效应是由论元线索与动词论元表征不一致导致题元角色再分析的结果。换言之，recognized 的论元表征为施事—受事，但由于 T3 类嵌入成分中参与者论元缺省且没有被动标志词 by，如果找不到合适的论元，受试就会放弃对嵌入成分是被动表达的初始判断，忽略介词，转而求助于后面的 NP3，强行给初始结构匹配受事角色。该论元线索虽有违动词的论元表征，但由于完全满足了受试大脑中"寻找受事"以进行语义完型的需求，句法线索变弱，语义线索增强，从而产出连动表达。这与 Townsend & Seegmiller（2004）对花园路径效应所作的判断相吻合。

（5）a. The manager <u>recognized in the company</u> opened the door.
b. 这个经理<u>认出公司</u>然后打开了门。

从上述分析可以看出，词汇、句法、语义等线索并非独立、单一地发挥作用，而是在二语学习者视译过程中，顺应其分析思路呈现此消彼长或此长彼消的动态轨迹。可以肯定的是，词汇线索的作用贯穿整个视译过程（包括动词、介词的语义或语法标记等），且学习者通常需要协同句法和语义线索，进行歧义消解。然而，有些时候，相关线索也会产生负面影响。例如，当 VP1 的形态标记与 by 组合产生强句法线索时，语义线索变弱，二语者会无视语义冲突，优先保证产出被动结构，导致译语语义逻辑较差。固然，这与 by 的语义滞留效应有关，但深入分析就会发现，受试消歧失败的原因在于句法线索过于强大，压制了 by 作为方位介词的语义激活，进而影响了信息忠实度和语义准确度。值得注意的是，VP1 的形态特征"-ed"能否被识别为被动标记，与 by 的隐现有关。在介词为 in/on/at 的 T3 类目标句中，花园路径效应相对较强，如果受试寻求句法线索未果（在线加工时间有限的情况下，找不到 VP1 的对应论元），就会将之忽略，转而依赖语义线索，导致简化关系从句产出失败。

可见，视译过程中各类线索交互作用，既有助于更快更好地完成解歧，提高视译质量（如 T1），也有可能导致解歧失败。受试或者完全依赖语义信息，通过摒弃不符合预期的词项进行句义整合；或者无视语义合理性，完全依靠句法线索进行句义整合。这一结果可在戴运财（2022）的研究中得到解释：语言经验中的相对出现频数是解释关系从句加工结果的一个重要因素，那些反复被接触、具体的句法结构更牢固地保存在记忆中，因此也更容易被加工。

6. 结语

本研究通过操控简化关系从句中的介词歧义性与名词的生命性特征，利用视译任务考察中国大学生英语句子的加工特点及其对应的汉语产出，发现视译过程受句法与语义共同影响。当被动标志词 by 出现时，句法线索的影响强于语义线索；反之，语义线索变强，花园路径效应的产生概率增加。具体而言，如果论元结构完整，花园路径效应和介词歧义效应最低，译文质量最高。如果论元结构不完整，会存在两种情况。一是 by 产生的强句法线索会引导学习者更多地关注被动结构，忽略该词的方位意义，此时，学习者会优先保证产出被动结构，翻译的语义逻辑往往不佳，表现为“足够好”的理解策略；二是以 in/on/at 取代 by 时，花园路径效应明显，学习者若无法识别 VP1 携带的被动句法线索，就会出现被动结构或简化关系从句漏译的现象，并在初始句法预期压制下，将注意力放在语义整合上，表现出“足够好”的表征策略。就视译质量来看，后者在信息忠实度和准确度方面优于前者。本研究显示，中国大学生英语简化关系从句视译遵循“足够好”模式，歧义消解主要依赖词汇、语义和句法线索进行，消歧结果视歧义程度和歧义形式而有所不同。未来可以采用眼动和脑电技术，对本研究中的歧义消解过程进行更精细地探讨。

参考文献

Bever, T. G. 1970. The cognitive basis for linguistic structures [A]. In R. Hayes (ed.). *Cognition and Language Development* [C]. New York: Wiley & Sons. 279-362.

Christianson, K., A. Hollingworth, J. F. Halliwell & F. Ferreira. 2001. Thematic roles assigned along the garden path linger [J]. *Cognitive Psychology* 42: 368-407.

Clahsen, H. & C. Felser. 2006. Grammatical processing in language learners [J]. *Applied Psycholinguistics* 27: 3-42.

Ferreira, F. & N. D. Patson. 2007. The ‘good enough’ approach to language comprehension [J]. *Language and Linguistics Compass* 1: 71-83.

Ferreira, F. & Z. Qiu. 2021. Predicting syntactic structure [J]. *Brain Research* 1770: 147632. doi: 10.1016/j.brainres.2021.147632.

Ferreira, F., K. G. D. Bailey & V. Ferraro. 2002. Good-enough representations in language comprehension [J]. *Current Directions in Psychological Science* 11: 11-15.

Fillenbaum, S. 1974. Pragmatic normalization: Further results for some conjunctive and disjunctive sentences [J]. *Journal of Experimental Psychology* 102: 574-578.

Frazier, L. & J. D. Fodor. 1978. The sausage machine: A new two-stage parsing model [J]. *Cognition* 6: 291-325.

Fujita, H. & I. Cunnings. 2020. Reanalysis and lingering misinterpretation of linguistic dependencies in native and non-native sentence comprehension [J]. *Journal of Memory and Language* 115: 104154. doi: 10.1016/j.jml.2020.104154.

Gerth, S., C. Otto, C. Felser & Y. Nam. 2017. Strength of garden-path effects in native and non-native speakers' processing of object-subject ambiguities [J]. *International Journal of Bilingualism* 21: 125-144.

Gibson, E., L. Bergen & S. T. Piantadosi. 2013. Rational integration of noisy evidence and prior semantic expectations in sentence interpretation [J]. *Proceedings of the National Academy of Sciences* 110: 8051-8056.

Gibson, E., R. Futrell, S. P. Piantadosi, I. Dautriche, K. Mahowald, L. Bergen & R. Levy. 2019. How efficiency shapes human language [J]. *Trends in Cognitive Sciences* 23: 389-407.

Jacob, G. & C. Felser. 2016. Reanalysis and semantic persistence in native and non-native garden-path recovery [J]. *The Quarterly Journal of Experimental Psychology* 69: 907-925.

Kaschak, M. P. & A. M. Glenberg. 2004. This construction needs learned [J]. *Journal of Experimental Psychology: General* 133: 450-467.

Kuperberg, G. R. & T. F. Jaeger. 2016. What do we mean by prediction in language comprehension? [J]. *Language, Cognition and Neuroscience* 31: 32-59.

MacDonald, M. C., N. J. Pearlmutter & M. S. Seidenberg. 1994. The lexical nature of syntactic ambiguity resolution [J]. *Psychological Review* 101: 676-703.

Malaia, E., R. B. Wilbur. & C. Weber-Fox. 2009. ERP evidence for telicity effects on syntactic processing in garden-path sentences [J]. *Brain and Language* 108: 145-158.

Malaia, E., R. B. Wilbur & C. Weber-Fox. 2012. Effects of verbal event structure on online thematic role assignment [J]. *Journal of Psycholinguistic Research* 41: 323-345.

Michaelis, L. A. 2004. Type shifting in construction grammar: An integrated approach to aspectual coercion [J]. *Cognitive Linguistics* 15: 1-67.

Sachs, J. S. 1967. Recognition memory for syntactic and semantic aspects of connected discourse [J]. *Perception & Psychophysics* 2: 437-442.

Slattery, T. J., P. Sturt, K. Christianson, M. Yoshida & F. Ferreira. 2013. Lingering misinterpretations of garden path sentences arise from competing syntactic representations [J]. *Journal of Memory and Language* 69: 104-120.

Sturt, P. 2007. Semantic re-interpretation and garden path recovery [J]. *Cognition* 105: 477-488.

Tan, M. & A. Foltz. 2020. Task sensitivity in L2 English speakers' syntactic processing: Evidence for good-enough processing in self-paced reading [J]. *Frontiers in Psychology* 11: 575847. doi: 10.3389/fpsyg.2020.575847.

Townsend, D. J. & M. S. Seegmiller. 2004. The linguistic representation and processing of event structure [J]. *Journal of Cognitive Science* 5: 157-244.

Trueswell, J. C., M. K. Tanenhaus & S. M. Garnsey. 1994. Semantic influences on parsing: Use of thematic role information in syntactic ambiguity resolution [J]. *Journal of Memory and Language* 33: 285-318.

Ullman, M. T. 2006. The declarative/procedural model and the shallow structure hypothesis [J]. *Applied Psycholinguistics* 27: 97-105.

Van Gompel, R. P. G., M. J. Pickering, J. Pearson & G. Jacob. 2006. The activation of inappropriate analyses in garden-path sentences: Evidence from structural priming [J]. *Journal of Memory and Language* 55: 335-362.

Xie, Z., G. Zeng, S. Zhou & J. Wang. 2022. The influence of cognitive control on the processing of L2 garden path sentence among Chinese-English bilinguals [J]. *Frontiers in Behavioral Neuroscience* 16: 976155. doi: 10.3389/fnbeh.2022.976155.

Zhang, Y. & H. Ding. 2020. The effect of ambiguity awareness on second language learners' prosodic disambiguation [J]. *Frontiers in Psychology* 11: 573520. doi: 10.3389/fpsyg.2020.573520.

陈士法、王邵馨、彭玉乐、崔馨元、杨连瑞，2022，英语二语“直接宾语/主语”类花园路径句加工的时间进程 [J]，《现代外语》（1）：78-89。

戴运财，2022，中国学习者对二语和母语关系从句挂靠的歧义消解 [J]，《中国外语》（1）：63-70。

顾琦一、程秀苹，2010，中国英语学习者的花园路径句理解——与工作记忆容量和语言水平的相关研究 [J]，《现代外语》（3）：297-304。

侯建东，2014，中国英语学习者“直接宾语/主语”类花园路径句的理解 [J]，《浙江外国语学院学报》（6）：34-40。

刘进，2011，以视译促交传——一项基于实证的相关性研究报告 [J]，《中国翻译》（3）：37-41。

卢华萍、吴明军，2021，不同句法结构对二语花园路径句重新分析的影响研究 [J]，《现代外语》（2）：233-245。

尚小奇、李德超，2022，数据驱动下的口译分项评估权重研究：母语为汉语的评分员视角 [J]，《外国语》（3）：82-92。

曾淑萍，2016，英语学习者花园路径句理解分析 [J]，《沈阳农业大学学报（社会科学版）》（4）：496-499。

曾涛、赵龙，2021，二语学习者暂时歧义句加工研究 [J]，《外语教学》（1）：53-58。

通信地址： 264005山东省烟台市莱山区清泉路30号

作者简介： 于翠红，烟台大学外国语学院教授、硕士生导师，博士，研究方向为二语习得、认知语言学。

Email：yucuihong2009@126.com

阎睿，烟台大学外国语学院硕士研究生，研究方向为外国语言学及应用语言学。

Email：dyaniris@163.com

（文字编辑：张新萌）

汉英中介语迂回结构发展特征研究*

中国海洋大学　李铖超　杨连瑞　张　雨

提要：迂回结构属于汉语中介词前置标记话题结构，其句法表征为介词短语前置于句首标记话题，形成典型的 TSVO 语序。本研究通过分析不同二语水平的中国英语学习者汉英中介语迂回结构产出状况，旨在揭示迂回结构发展特征。研究结果表明：随着学习者英语水平的提升，从初级水平到中级水平，学习者产出的迂回结构逐渐减少，但在高级水平呈现高度石化状态。研究结果进一步证实了 Han（2009）提出的选择性石化假说。

关键词：汉英中介语；迂回结构；产出状况；发展特征；选择性石化假说
DOI:10.20054/j.cnki.sllr.2023.17.002

1. 引言

美国学者 Li & Thompson（1976）基于语言类型学提出汉语属于话题突出（topic-prominent）语言，而英语属于主语突出（subject-prominent）语言。在话题—述题的结构序列中，话题对于句子构成具有十分重要的作用；而在主语—谓语的语法关系中，主语是句子不可缺少的成分。杨连瑞（2012）通过即时口头任务和谨慎翻译任务，探究三组不同水平的中国英语学习者在六类中介语话题突出结构的产出状况，即双主语结构、存在结构、假被动结构、零成分、迂回结构以及主谓不一致结构。研究发现，由于学习者二语语用能力不足，在二语习得不同阶段产出具有汉语话题突出特征的句法结构。其中，迂回

* 本文系国家社科基金重点项目“中国英语学习者二语语用能力发展研究”（项目编号：17AYY023）和中央高校基本科研业务费专项“中国英语学习者二语隐含义语用加工的认知机制研究”（项目编号：202261090）的阶段性研究成果。由衷感谢中国海洋大学外国语学院陈士法教授、李旭奎副教授在本文修改过程中提出的宝贵意见。

结构（periphrastic topic structures）所占比例最高。但随着二语水平的提高，学习者话题突出结构产出比例有所减少，迂回结构却在二语习得高水平阶段进入高原期，呈现相对稳定趋势。本文将杨连瑞（2012）的研究进一步推进，聚焦迂回结构在不同水平的中国英语学习者汉英中介语中的发展趋势，探究母语类型学迁移及语言特征的选择性石化是否共同作用于二语习得发展过程。本文研究对象为汉英中介语中的迂回结构，下面将探讨迂回结构的定义及分类。

迂回结构源自汉语中介词前置于句首并标记话题的句法结构（Chafe 1976）。杨连瑞（2012：133）将迂回结构做了较为完整的概括："迂回结构，常以名词、短语等句法成分前置于句首，形成前置话题结构与后置述题结构在句法表征上的分离，但两者在句法及语义层面存在诸多联系。"

许多学者（如聂仁发 2007；徐烈炯、刘丹青 1998，2007；袁毓林 1996；周卓 2013）提出迂回结构中前置话题与后置述题之间的关联体现在三个层面。1）句法层面：袁毓林（1996）和徐烈炯、刘丹青（1998，2007）指出前置话题与后置述题的主语或宾语形成论元共指关系（argument co-indexing relationship），即述题中由谓词连接的主语或宾语与话题形成同指关系。2）语义层面：前置话题与后置述题呈现两种类型的关系。首先，袁毓林（1992）提出话题与述题中的名词形成配价关系（valence relationship），并指出汉语中名词具备配价的属性，而名词的配价具体表现为配价名词和与之相关联的名词构成语义层面的依存关系。Herbst（1988）、袁毓林（1992）和朱景松（1998）提出在迂回结构中，介词标记的话题成为述题中配价名词的一个语义成分（或降级论元）。由此，徐烈炯、刘丹青（1998）认为述题中配价名词与话题共同构成逻辑上的语义依存关系。其次，徐烈炯、刘丹青（1998）和 Yuan（2017）提出话题与述题中的名词形成上下义关系（superodination-hyponymy relationship）。具体而言，话题成为述题中名词的上位概念，两者构成整体与部分的关系。3）语用层面：石定栩（1998）和 Yuan（2017）提出话题与述题不会呈现出明显的句法语义关系，而是具有相关性（aboutness），且相关性依赖于上下文语境。周卓（2013）提出话题与述题呈现限定判断关系（definitive-judgment relationship），即话题界定述题的判断角度，述题的语义依赖于话题的语境。聂仁发（2007）和周卓（2013）提出话题与述题呈现主题内容关系（theme-content relationship），即话题作为述题表达的主题，述题为话题内容提供进一步解释。

2. 文献综述

目前，国内外已有诸多学者研究话题突出结构及主语突出结构对二语习得的影响。一方面，一些研究聚焦学习者习得目标语（英语）时，其母语话题突出结构的类型学迁移。例如，Fuller & Gundel（1987）研究母语为汉语的成年学习者习得英语时话题突出结构的干预，发现话题突出结构可以影响二语产出过程。Yip（1995）探究了中等水平和高水平二语学习者在二语习得过程中，假被动结构和迂回结构在汉英中介语发展过程中的作用，发现中国学习者经常使用英语句法结构表达汉语话题突出结构的语言交际功能。另一方面，有些研究聚焦于习得话题突出语言时英语母语的干预。例如，Liu（2015）研究了英语本族语者习得汉语话题突出结构时中介语的发展阶段，发现在二语习得初期，低水平学习者可以习得汉语本族语者的话题结构和句法表征。Yuan（2017）探究了母语为英语的学习者对汉语基础生成话题句（Chinese base-generated-topic sentences）的习得过程，证实学习者在产出这一结构时更倾向于使用话题突出这一句法表征及语义潜势，不会优先使用母语中主语突出的结构和语义机制。基于上述研究，笔者认为在二语习得过程中母语类型学迁移出现的主要原因可能为二语学习者有意识或无意识依靠母语思维模式理解或产出目标语（杨连瑞等 2014）。此外，母语思维对目标语产出机制的影响可检验 Han & Lew（2012）提出的"为二语产出的母语思维"（L1 thinking for L2 speaking）理论模型。

母语为话题突出语言的学习者习得主语突出语言时，学习者将话题突出结构应用于产出目标语的句子结构，这时母语类型学迁移将延缓或暂停二语习得进程。杨连瑞等（2015）指出，关于母语类型学迁移在二语习得中的影响存在两种相互对立的观点。一种观点认为在二语习得初期，中介语呈现出的话题—述题特征与学习者母语无关。Clahsen & Muysken（1986）、Klein（1986）、Odlin（1989）通过探究不同母语背景的英语学习者产出相似的话题—述题结构，证实了话题突出特征并不存在于母语对目标语的句法结构迁移，不同语言背景的二语学习者产出的句法结构都具有相同的话题突出特征。另一种观点则认为二语习得初期的话题突出特征足以证明确实存在母语对目标语的语言类型学迁移。Schachter & Rutherford（1979）和 Rutherford（1983）通过研究母语为话题突出语言的学习者产出的英语句法结构，证明学习者产出的话题突出结构特征尤为明显。Sasaki（1990）通过研究母语为日语的英语学习者在书面语中产出的存现结构，发现随着目标语水平的提升，学习者在产出主语突出结构的过程中呈现话题突出的句法特征。Givón（1995）证实了二语习得初期产出的类似话题突出结构意味着从母语系统到二语系统的迁移过程，而不是出现共性的话题突出阶段。相比而言，母语为主语突出语言的学习者习得话题突出语言的相关研究甚少。Jung（2004）研究英语本族语者习得韩语（显著的话题突出语言）的相关过程，结果显示学习者在产出话题突出的语法表征时会运用母语主语突出的句法结构。

综上所述，目前对中介语迂回结构的研究虽有不少重要发现，但仍存在以下两点不足：1）大部分研究主要关注宏观领域下话题突出结构及主语突出结构在二语习得中的发展过程（如 Clahsen & Muysken 1986；Fuller & Gundel 1987；Givón 1995；Jung 2004；Klein 1986；Liu 2015；Odlin 1989；Rutherford 1983；Schachter & Rutherford 1979；Yuan 2017），鲜有研究涉及迂回结构在汉英中介语中的发展过程（Yip 1995）；2）以往研究主要探讨母语对二语产生的类型学迁移及其对二语习得过程的影响，忽视了石化现象可能存在于二语习得的高水平阶段，且未对语言特征的选择性石化进行深入分析。Han（2009）提出了选择性石化假说及数值模型，预测某种语言特征在二语习得过程中发生石化的概率。选择性石化假说由两大因素构成，即母语标记性（L1 markedness）和二语输入力度（L2 input robustness），这两大因素皆由频数（frequency）和可变性（variability）决定。频数是指某固定语言特征在一种语言中的使用次数，可变性是指某固定语言特征与具体语言是否具有一致性。因此，本研究创造性地将迂回结构划分为五类，探究不同二语水平的中国英语学习者汉英中介语中不同类型的迂回结构产出状况，以揭示迂回结构的发展特征。

3. 研究设计

3.1 研究问题

本文以母语类型学迁移及选择性石化假说（Han 2009）为理论框架，主要提出以下两个研究问题：

1）不同二语水平的中国英语学习者母语话题突出结构是否影响迂回结构的产出？

2）汉英中介语迂回结构在二语习得过程中呈何种发展趋势？

3.2 受试

国内某重点高校大一至研三共 90 名受试参与了本次实验。根据各自的英语熟练程度，将其分为初级组、中级组和高级组。初级组为 30 名非英语专业大一学生，其高考英语成绩处于 120~150 分之间，英语学习时间至少有 6 年。中级组为 30 名英语专业大三学生，均已通过英语专业四级考试，且分数处于 70~79 分之间，英语学习时间至少有 10 年。高级组为 30 名外国语言学及应用语言学专业研三学生，均已通过英语专业八级考试，且分数处于 70~79 分之间，英语学习时间至少有 15 年。不同水平组受试的英语水平不可能完全泾渭分明，因此英语水平的区分只是根据他们所处的年级、在英语标准化考试中的分数以及在中国接受英语教育的年限而做出的相对区分。

3.3　研究工具

本研究采用调查问卷对受试进行实验数据收集，主要分为两项测试，即汉英翻译测试和语法判断测试。汉英翻译测试（见附录一）旨在考察不同二语水平学习者是否将迂回结构迁移至英语的句法产出。语法判断测试（见附录二）旨在考察二语学习者对英语主语突出句法表征的敏感程度。语法判断测试采用李克特四级量表（four-point Likert scale）收集受试数据，1~4 表示从完全不可接受到完全可接受。正式测试前，3 名英语本族语者对语法判断测试进行标准量化，1~2 为正确判断，3~4 为错误判断。采用四级量表而非正误判断的原因主要有以下两方面：1）为了防止正确选择与错误选择的极端化；2）可以捕捉受试识别英语主语突出这一句法表征的即时反应，以保证实验数据的信度和效度。在两项测试中，测试句共 15 句（包括 5 类迂回结构，每类 3 句），5 个英语普通句作为测试的干扰句。测试中使用的词汇均为高频词汇。

3.4　数据收集与分析

为进一步保证问卷的可行性，首先分别在大一、大三及研三英语课堂中随机选取 60 名学生，在规定时间内（约 30 分钟）进行了一次问卷测试。针对学生的反馈及初步的统计数据对问卷内容进一步修改，再用于正式测试。为保证实验数据的有效性，本测试均于英语课堂完成。针对收集到的数据由人工统一做标记后进行初步统计和分析，而后利用 Excel 对全部量化数据进行有效处理，描述和分析不同类型的迂回结构在两项测试中的产出频数及产出百分比，再利用 SPSS 24.0 对数据进行单因素方差分析，对三组数据进行两两组间多重比较，检测组间是否存在显著差异以揭示迂回结构在不同水平组的发展趋势。

4. 实验结果

4.1　不同水平组迂回结构产出状况

汉英翻译测试中判断受试产出句型规范的标准取决于是否符合英语主语突出的句法表征。语法判断测试中目标句型均为汉语迂回结构的书面翻译，其中相对可接受与完全可接受为错误选项。两项测试中受试迂回结构产出频数与产出百分比详见表 1。

表 1. 不同水平组迂回结构产出频数与产出百分比

水平组	汉英翻译测试产出频数	汉英翻译测试产出百分比	语法判断测试产出频数	语法判断测试产出百分比
初级组（n=30）	329	73.11%	372	82.67%
中级组（n=30）	246	54.67%	258	57.33%
高级组（n=30）	258	57.33%	286	63.56%

就产出百分比而言，在语法判断测试中，迂回结构的产出百分比略高于汉英翻译测试的产出百分比。同时，不同水平组受试在语法判断测试中的产出百分比皆稍高于汉英翻译测试中的产出百分比。笔者认为产生这一现象的原因为中级组和高级组在输入汉语句型后，运用已经习得的英语句法结构与语义概念知识对产出的语言进行加工，使之符合英语的表达形式。而语法判断测试的目标句型均为汉语话题突出结构的书面翻译，在潜在认知层面学习者会认为这些句型符合英语的句法表征而不会利用多元的目标语言加工机制检验其合理性。

就产出频数而言，初级组在两项测试中产出的迂回结构比重最大，中级组产出频数低于初级组和高级组的产出频数，但高级组产出频数略高于中级组的产出频数。由此可以说明迂回结构的产出频数随着学习者英语水平的提升而逐渐下降，但在高级水平阶段进入相对平稳期。

4.2 组间多重比较分析

本研究采用 SPSS 24.0，以不同类型的迂回结构为因变量，二语水平为自变量，进行单因素方差分析和组间多重比较，结果见表 2。

表 2. 不同水平组五类迂回结构使用量组间多重比较结果

测试	(I) 水平组	(J) 水平组	论元共指结构 p	配价关系结构 p	上下义关系结构 p	限定判断结构 p	主题内容结构 p
汉英翻译测试	初级组	中级组	0.154	0.437	0.011	0.023	0.019
	初级组	高级组	0.092	0.041	0.027	0.645	0.281
	中级组	高级组	0.966	0.437	0.942	0.179	0.441
语法判断测试	初级组	中级组	0.003	0.001	<0.001	0.078	0.093
	初级组	高级组	<0.001	0.045	0.011	0.191	0.543
	中级组	高级组	0.758	0.407	0.123	0.900	0.543

表 2 显示了五类迂回结构每两组之间的产出均值检验结果。在汉英翻译测试中，不同水平组受试在论元共指结构中迂回结构产出频数无显著性差异（p=0.154）。在配价关系结构中除了初级组和高级组之间有显著性差异外（p=0.041），各组别之间无显著性差异（p=0.437）。在上下义关系结构中，中级组和高级组迂回结构产出频数无显著性差异（p=0.942），但初级组与中级组，初级组与高级组之间有显著性差异（p=0.011）。在限定判断结构中，各组别之间无显著性差异（p=0.023）。在主题内容结构中，除初级组和中级组有显著性差异外（p=0.019），其他各组之间无显著性差异（p=0.281）。

在语法判断测试中，中级组和高级组在论元共指结构中迂回结构产出频数无显著性差异（p=0.758），但初级组与中级组，初级组与高级组之间有显著性差异（p=0.003）。在配价关系结构中，除中级组和高级组之间无显著性差异外（p=0.407），其他各组别之间均有显著性差异（p=0.001）。在上下义关系结构中，初级组与中级组，初级组与高级组之间有显著性差异（p<0.001），但中级组和高级组无显著性差异（p=0.123）。在限定判断结构和主题内容结构中，各组别之间迂回结构产出频数均无显著性差异（p=0.078；p=0.093）。

5. 讨论

5.1　母语类型学迁移

研究结果发现，初级组在两项测试中迂回结构产出频数最多，中级组和高级组迂回结构产出频数均低于初级组。这说明不同水平组受试在两项测试中均依赖母语话题突出结构，在汉英中介语中产出大量迂回结构，且初级组受母语迁移的影响最为明显。这一结果回答了本文第一个研究问题。一方面，此发现否定了在中介语发展过程中并不存在阶段性母语类型学迁移的观点（如 Clahsen & Muysken 1986；Klein 1986）；另一方面，该结论证实了母语中某些显著的语言特征易被迁移至二语产出过程中（如 Givón 1995；Jung 2004；Rutherford 1983；Sasaki 1990；Schachter & Rutherford 1979；Yip 1995；杨连瑞 2012）。

中介语迂回结构源于汉语中介词前置标记话题结构。中国英语学习者由于二语语用能力的缺乏，在深层次的二语加工机制方面将英语句法表征与汉语话题突出结构相关联。除此之外，学习者可能已经习得表达话题的英语句法结构，但是无法在二语语境中合理运用。因此，迂回结构的普遍出现证实了母语类型学迁移发生在二语习得过程中。本研究进一步证实了杨连瑞（2012）提出的观点，即学习者母语概念系统和二语不完全的语用能力共同作用于学习者中介语的发展过程。汉语迂回结构经常用于日常交际，因此被定义为非标记性结构，相比较而言，迂回结构在英语中比较罕见，因为它违背了英语基本的句法结构，即主语 + 谓语 + 宾语结构，因此被定义为标记性结构。Hyltenstam（1984）提出的标记性理论也说明二语学习者很自然地将母语非标记性结构运用至二语标记性结构中，一般情况下，这种迁移是无意识的，与 Andersen（1983）提出的迁移到某处（transfer to somewhere）的观点不谋而合。此外，数据结果表明，中国英语学习者在语法判断测试中产出的迂回结构频数较多，也说明学习者依赖汉语话题突出结构实现二语的语用交际功能，这符合蔡金亭（1998）的研究结论。杨连瑞等（2015）指出当母语与目标语在学习者大脑中交汇时，母语概念体系将对中介语的发展过程产生深远影响。母语深刻影响二语的产出过程，在母语思维方面的表现尤为明显。母语思维对汉英中介语迂回结构产出的影响可验证 Han & Lew（2012）提出的“为二语产出的母语思维”理论模型（见图 1）。

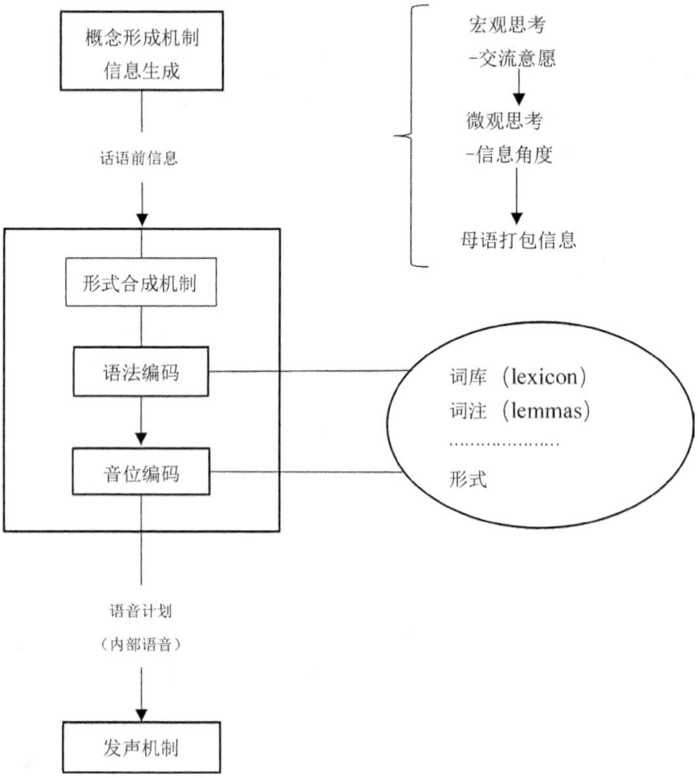

图 1. “为二语产出的母语思维”模型（Han & Lew 2012：207）

Levelt（1989）提出，话语产出模型（speech production model）解释二语的输出过程，但并未强调二语产出过程中母语思维的影响。Han & Lew（2012）在此基础上提出了“为二语产出的母语思维”模型，进一步修正了 Levelt（1989）的话语产出模型。图 1 指出了在概念形成机制与形式合成机制间存在话语前信息（preverbal message），该信息由母语思维模式决定，是概念形成机制的结果。形式合成机制内的语法编码涉及从母语到二语的转换过程，即将母语翻译成二语，该翻译转换过程类似于中介语的产出过程，但不同于母语或二语产出。在言语产出的概念形成机制中，说话者为了生成信息需进行宏观与微观模式的思考。在宏观思考中，说话者首先建立自己的交际意愿，然后选择符合其话语交际含义的语言信息。在微观思考中，说话者将新信息和已知信息整合并以话语形式传达给听话者。宏观思考和微观思考皆在母语思维内进行，即母语打包信息（L1-packaged message）。

该模型可进一步解释本研究中汉英中介语迂回结构大量出现的原因及二语产出中母语思维的影响。在产出汉英中介语迂回结构的过程中，首先，学习者在宏观思维层面将表达话题确立为自己的交际意愿。其次，在微观思维层面，学习者整合话题突出的句法表征及语义线索等信息。这些思维形成过程皆在汉语体系内完成，因而形成汉语话题突出结构表征该母语打包信息。最后，学习者使用英语句法模式构建汉语话题突出结构，在目标语的各种语境下产出大量迂回结构。因此，汉英中介语迂回结构产出的主要原因不仅在于汉英两种语言的句法—语义接口关联性，而且更依赖于二语产出过程中的母语思维模式。

5.2　迂回结构发展特征

组间多重比较结果表明，在汉英翻译测试中，初级组和中级组在上下义关系结构和主题内容结构中迂回结构产出频数有显著性差异。初级组和高级组在配价关系结构和上下义关系结构中迂回结构产出频数有显著性差异。在语法判断测试中，初级组和中级组在论元共指结构、配价关系结构及上下义关系结构中迂回结构产出频数有显著性差异。初级组和高级组在论元共指结构、配价关系结构及上下义关系结构中迂回结构产出频数有显著性差异。然而在两项测试中，中级组和高级组在五类迂回结构产出频数中无显著性差异。初级组与中级组之间、初级组与高级组之间，在两项测试中某些类型的迂回结构无显著性差异，但是迂回结构的产出频数总体呈下降趋势，这说明迂回结构产出频数的发展趋势是随着学习者英语水平的提升而逐渐下降。由此证实，随着中国英语学习者二语水平的提高，汉英中介语迂回结构产出频数逐渐减少，但在高级水平阶段呈现高度石化特征，该结果回答了本文第二个研究问题。

Han（2009）在选择性石化假说中指出，二语中某种固定语言特征在输入力度连续体中波动，顶端代表力度最强（高频，不变），底端代表力度最弱（低频，可变）。在母语中相对应的语言特征出现在标记性连续体中，左端代表有标记性（低频，可变），右端代表无标记性（高频，不变）。频数和可变性两个变量的相互关系构成了母语标记性和二语输入力度的四个区域。图 2 整合了母语标记性和二语输入力度的交互作用，得出二语习得的四种状况：第一区代表母语无标记，二语输入有力度；第二区代表母语有标记，二语输入有力度；第三区代表母语有标记，二语输入无力度；第四区代表母语无标记，二语输入无力度。落入第一区和第三区的语言特征可能被习得也可能被石化，取决于学习者个人因素，比如记忆力等（Han 2013）。落入第二区的语言特征容易被习得，因此 Han（2009）将其定义为习得区域，落入第四区的语言特征易被石化，Han（2009）将其定义为石化区域。图 2 的同心圆表示习得或石化的不同程度，第四区最外侧的圆圈代表石化的概率最高。

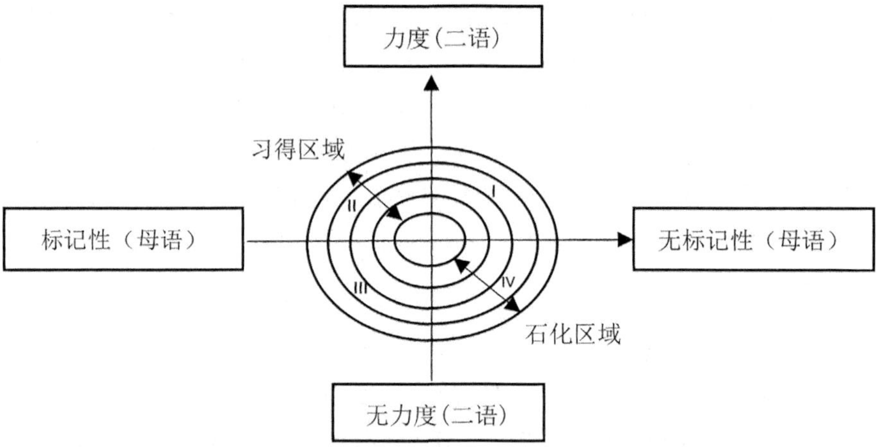

图 2.　选择性石化假说（Han 2009：147）

研究结果表明，迂回结构的产出频数随着二语水平的提高而逐渐降低，但在高级水平阶段进入相对稳定状态。组间多重比较结果也表明中级组和高级组迂回结构的产出频数无显著性差异。根据 Han（2009）的选择性石化假说，话题突出结构在汉语中属于高频、无标记性、不可变的句法结构，在英语中属于低频、有标记性、可变的句法结构。由此可见，汉英中介语迂回结构在母语标记性连续体中属于无标记性范畴（unmarked），在二语输入力度连续体中属于力度较弱的范畴（non-robust）。这也证实了迂回结构落在模型中的第四区。Han（2009）指出处于第四区的语言特征极易被石化，因此，汉英中介语迂回结构可以概括为以下特征：

母语（汉语）：母语标记性连续体→无标记（高频，不变）

目标语（英语）：二语输入力度连续体→无力度（低频，可变）

Han（2009）提出的选择性石化数值模型可以进一步预测汉英中介语迂回

结构发生石化的概率。选择性石化的两大决定因素即母语标记性和二语输入力度可以用公式来表示：$P_{foss}=A/M_{11}—BR_{12}(A>0; B>0)$。其中，$P_{foss}$代表石化的概率，$M_{11}$代表母语标记性，$R_{12}$代表二语输入力度，A和B代表系数。$M_{11}$可以促进石化的产生，$R_{12}$与石化成反比。具体而言，母语无标记性和二语输入无力度极易产生石化，而迂回结构在汉语中属于无标记性结构而在英语中则为输入无力度结构。因此，较之于母语为英语的汉语学习者，母语为汉语的英语学习者产出的中介语迂回结构呈现石化的概率更高。

6. 结语

本文探究了不同二语水平的中国英语学习者汉英中介语迂回结构产出状况，有以下发现。第一，不同二语水平学习者在汉英中介语中产出大量具有汉语话题突出特征的迂回结构，表明学习者并未完全习得英语主语突出的句法表征，这进一步说明母语类型学迁移渗透在二语习得的全过程。第二，汉英中介语迂回结构发展特征可以概括为：随着学习者英语水平的提升呈下降趋势，但在高级水平阶段呈现高度石化特征。本研究进一步验证了Han（2009）提出的选择性石化假说，研究结论期望为日后研究母语类型学迁移及中介语石化对二语习得的影响提供参考。

参考文献

Andersen, R. W. 1983. Transfer to somewhere [A]. In S. M. Gass & L. Selinker (eds.). *Language Transfer in Language Learning* [C]. Rowley: Newbury House. 177-201.

Chafe, W. 1976. Givenness, contrastiveness, definiteness, subjects, topics, and point of view [A]. In C. N. Li (ed.). *Subject and Topic* [C]. New York: Academic Press. 25-55.

Clahsen, H. & P. Muysken. 1986. The availability of universal grammar to adult and child learners—a study of the acquisition of German word order [J]. *Second Language Research* 2: 93-119.

Fuller, J. W. & J. K. Gundel. 1987. Topic-prominence in interlanguage [J]. *Language Learning* 37: 1-18.

Givón, T. 1995. *Functionalism and Grammar* [M]. Amsterdam: John Benjamins.

Han, Z. 2009. Interlanguage and fossilization: Towards an analytic model [A]. In L. Wei & V. Cook (eds.). *Contemporary Applied Linguistics (Vol. I: Language Teaching and Learning)* [C]. London: Continuum. 137-162.

Han, Z. 2013. Forty years later: Updating the Fossilization Hypothesis [J]. *Language Teaching* 46: 133-171.

Han, Z. & W. M. Lew. 2012. Acquisitional complexity: What defies complete acquisition in Second Language Acquisition [A]. In B. Kortmann & B. Szmrecsanyi (eds.). *Linguistic Complexity: Sencond Language Acquisition, Indigenization, Contact* [C]. Berlin: De Gruyter. 192-217.

Herbst, T. 1988. A valency model for nouns in English [J]. *Journal of Linguistics* 24: 265-301.

Hyltenstam, K. 1984. The use of typological markedness conditions as predicators in second language acquisition: The case of pronominal copies in relative clauses [A]. In R. W. Andersen (ed.). *Second Languages: A Cross-Linguistic Perspective* [C]. Rowley: Newbury House. 39-58.

Jung, E. H. 2004. Topic and subject prominence in interlanguage development [J]. *Language Learning* 54: 713-738.

Klein, W. 1986. *Second Language Acquisition* [M]. Cambridge: Cambridge University Press.

Levelt, W. J. M. 1989. *Speaking: From Intention to Articulation* [M]. Cambridge: The MIT Press.

Li, C. N. & S. A. Thompson. 1976. Subject and topic: A new typology of language [A]. In C. N. Li (ed.). *Subject and Topic* [C]. New York: Academic Press. 457-489.

Liu, F.-H. 2015. Acquiring topic structures in mandarin Chinese [J]. *Chinese as a Second Language Research* 4: 1-21.

Odlin, T. 1989. *Language Transfer: Cross-linguistic Influence in Language Learning* [M]. Cambridge: Cambridge University Press.

Rutherford, W. E. 1983. Language typology and language transfer [A]. In S. M. Gass & L. Selinker (eds.). *Language Transfer in Language Learning* [C]. Rowley: Newbury House. 358-370.

Sasaki, M. 1990. Topic prominence in Japanese EFL students' existential constructions [J]. *Language Learning* 40: 337-367.

Schachter, J. & W. Rutherford. 1979. Discourse function and language transfer [J]. *Working Papers on Bilingualism* 19: 1-11.

Yip, V. 1995. *Interlanguage and Learnability: From Chinese to English* [M]. Amsterdam: John Benjamins.

Yuan, B. 2017. Can L2 sentence processing strategies be native-like? Evidence from English speakers' L2 processing of Chinese base-generated-topic sentences [J]. *Lingua* 191-192: 42-64.

蔡金亭，1998，汉语主题突出特征对中国学生英语作文的影响 [J]，《外语教学与研究》（4）：17-21。

聂仁发，2007，“关于”标记话题的语义基础和句法条件 [J]，《汉语学习》（5）：40-44。

石定栩，1998，汉语主题句的特性 [J]，《现代外语》（2）：40-57。

徐烈炯、刘丹青，1998，《话题的结构与功能》[M]。上海：上海教育出版社。

徐烈炯、刘丹青，2007，《话题的结构与功能》（增订本）[M]。上海：上海教育出版社。

杨连瑞，2012，《中介语发展的话题突出类型学研究》[M]。北京：北京大学出版社。

杨连瑞等，2015，《中介语语言学多维研究》[M]。北京：外语教学与研究出版社。

杨连瑞、尹洪山、赵昌芝、蒋慧，2014，中介语石化现象研究的进展 [J]，《外语与外语教学》（1）：36-40。

袁毓林，1992，现代汉语名词的配价研究 [J]，《中国社会科学》（3）：205-223。

袁毓林，1996，话题化及相关的语法过程 [J]，《中国语文》（4）：241-254。

周卓，2013，“关于、至于、对于”标记话题的比较研究 [D]，硕士学位论文。宁波：宁波大学。

朱景松，1998，《现代汉语配价语法研究》读后 [J]，《语文研究》（2）：15-21。

通信地址：266100 山东省青岛市崂山区松岭路238号中国海洋大学外国语学院

作者简介：李铖超，中国海洋大学外国语学院硕士研究生，研究方向为二语习得。
Email：1479683401@qq.com
杨连瑞，中国海洋大学外国语学院教授、博士生导师，研究方向为二语习得。
Email：lryang@ouc.edu.cn
张雨（通信作者），中国海洋大学外国语学院博士研究生，研究方向为二语习得。
Email：738610624@qq.com

（文字编辑：蔡金亭）

附录一 汉英翻译测试（为方便读者阅读本文，已将迂回结构类型于句后标明）

1. 关于这个提议，经过几天的讨论，已经有了结果。（论元共指结构）
2. 至于理想，每个人有自己的想法。（配价关系结构）
3. 至于北京的名胜古迹，我已经去过颐和园。（上下义关系结构）
4. 昨天芝加哥发生了一场大火。（干扰句）
5. 关于限制私家车数量，他代表支持的一方。（主题内容结构）
6. 对于高等数学，我是外行。（限定判断结构）
7. 就这个合同而言，我们还需要进一步协商。（论元共指结构）
8. 你应该把车停在这里。（干扰句）
9. 对于这起事故的发生，厂长应该承担主要责任。（配价关系结构）
10. 关于体育运动，我擅长打篮球和跑步。（上下义关系结构）
11. 今天晚上去购物怎么样，你同意吗？（限定判断结构）
12. 创作这本书的那位作家已经去世了。（干扰句）
13. 对于职业选择，我和我女朋友都希望做教师。（主题内容结构）
14. 就中国菜而言，我吃过北京烤鸭。（上下义关系结构）
15. 对于工作安排，我没有任何意见。（配价关系结构）
16. 客厅里有四个人，汤姆的妈妈在拖地板，爸爸在读报纸，哥哥在听音乐，而汤姆则在沙发上睡觉。（干扰句）
17. 对于这个问题，张老师谈比我谈会更好。（论元共指结构）
18. 关于电脑操作，我们应该参加一个短期培训班。（限定判断结构）
19. 对于感情，我只知道我们俩相互喜欢。（主题内容结构）
20. 马丽，我们校长的女儿，刚刚从牛津大学毕业。（干扰句）

附录二 语法判断测试（本测试中所有的测试句型均来自对汉语迂回结构的翻译，为方便读者阅读，已将迂回结构类型于句后标明）

请判断下列英语句子的语法合理性，有四种选择，数字1代表完全不可接受，数字2代表相对不可接受，数字3代表相对可以接受，数字4代表完全可以接受。

1. In reference to the case, underwent the investigation of several months and the truth comes to be obvious.（论元共指结构）
2. As for swimming, I have no interest.（配价关系结构）
3. The masterpiece the famous writer finished before dying has just published.（干扰句）
4. For Xiao Zhang, the price of the city is very high.（限定判断结构）
5. Mary sought her textbooks, but didn’t find nowhere.（干扰句)

6. At the mention of the French, we always think they are very romantic, but they also have their own individuality.（论元共指结构）
7. As for the developmental process of dialects, Professor Li makes a deep research.（配价关系结构）
8. In regard to fruits, I like to eat watermelons the most.（上下义关系结构）
9. One of my classmates, he has already graduated from Peking University.（干扰句）
10. Concerning the general election, he is the firm advocator of John Trump.（限定判断结构）
11. There are three boys and two girls absent from the lecture.（干扰句）
12. Referring to the hometown, everyone has their own particular emotion.（配价关系结构）
13. With respect to cooking meals, I can only scramble eggs.（上下义关系结构）
14. As to improving English communicative skills, you had better live abroad for some time.（主题内容结构）
15. With reference to achieving goals, we should face difficulties optimistically and challenge ourselves continuously.（主题内容结构）
16. About the content of this book, I have forgotten.（论元共指结构）
17. The small town happened a serious traffic accident ten days ago.（干扰句）
18. In regard to the tea, Mr Zhou only drinks the Tie Guan Yin.（上下义关系结构）
19. Considering the salaries and benefits, I decided to work in Greece company.（限定判断结构）
20. As for the plot of most movies, we can generalize that the justice must conquer the evil.（主题内容结构）

控制—价值理论下外语成绩对外语愉悦的预测作用

西安外国语大学 王国萍

提要： 控制—价值理论指出学业情绪与学业成绩之间存在双向影响关系。基于这一理论观点，本研究选取某外语类院校 227 名英语专业本科二年级学生作为研究对象，以定量与定性相结合的方式调查英语专业本科生的外语愉悦水平，并探讨外语成绩对外语愉悦的预测作用。结果表明：1）英语专业本科生的外语愉悦水平中等偏上，教师相关型外语愉悦水平最高，个人外语愉悦水平最低；2）外语成绩对外语愉悦有显著正向预测作用，质性数据进一步表明这种正向预测作用主要通过影响学生对任务或结果的控制评价实现。研究结果不仅为验证控制—价值理论在二语习得领域的适用性提供了实证依据，还为二语教师提供了启示。

关键词： 控制—价值理论；外语成绩；外语愉悦；双向作用
DOI:10.20054/j.cnki.sllr.2023.17.003

1. 引言

长期以来，二语习得领域存在重认知、轻情绪的现象，情绪被视作与认知相对的非理性因素（Dewaele & Li 2020；Piniel & Albert 2018；李成陈 2020；李成陈、韩晔 2022），这导致除外语焦虑这一消极情绪外，二语学习过程中产生的其他情绪未受到重视（Dewaele & Li 2020；Shao *et al*. 2020；董连棋、刘梅华 2022）。然而，近十年来，受积极心理学及教育心理学领域情绪研究的影响，二语习得领域出现了情绪转向，掀起了将积极情绪与消极情绪联合研究的热潮（Dewaele & Li 2020；Dewaele *et al*. 2019；李成陈、韩晔 2022）。在所有积极情绪中，外语愉悦被视作最普遍的外语积极情绪（Dewaele & Li 2020；

Dewaele & MacIntyre 2014；Li *et al.* 2020；Piniel & Albert 2018；董连棋、刘梅华 2022），并同外语课堂焦虑一道，被视为“语言学习者的左右脚”（Dewaele & MacIntyre 2016），成为二语习得领域情绪研究的核心议题。

外语愉悦与外语成绩的关系研究是外语愉悦研究的核心话题之一。已有研究基于中国、日本、沙特阿拉伯等国家，以及伦敦等地的英语学习者，充分探讨了外语愉悦对外语成绩（自评成绩及真实成绩）的预测作用（Dewaele & Alfawzan 2018；Dewaele *et al.* 2023；Jin & Zhang 2021；Li & Li 2023；Saito *et al.* 2018；李成陈、韩晔 2022），得出了较为一致的结论：外语愉悦能正向预测外语成绩。虽然学者们多次呼吁探讨外语愉悦与外语成绩间的双向预测作用（Botes *et al.* 2022；Dewaele & Li 2020；Li & Li 2023），但现有研究仍主要关注外语愉悦对外语成绩的预测作用，缺乏外语成绩对外语愉悦的预测作用研究。

本研究基于教育心理学领域的控制—价值理论，采取量化与质性研究相结合的方式，调查我国英语专业本科生在英语学习过程中的愉悦水平，并进一步探讨外语成绩对外语愉悦的预测作用。

2. 研究背景

2.1　控制—价值理论及外语愉悦

控制—价值理论（Pekrun 2006；Pekrun & Stephens 2010）与拓展—建构理论（Fredrickson 2001）是积极心理学视角下二语习得情绪研究领域的两大核心理论（Dewaele & Li 2020；王毓琦 2023）。虽然拓展—建构理论才是二语情绪研究的奠基理论（李成陈 2020），但它仅区分了积极情绪与消极情绪间的不同功能及相互作用关系。与之相比，控制—价值理论则聚焦学业情绪，深入剖析了情绪的前因后果及情绪与其前因后果之间的复杂关系，更能激发二语习得领域的实践探索（李成陈 2020）。鉴于此，本研究基于控制—价值理论进行。

控制—价值理论聚焦学业情绪，即“与学习过程或结果紧密相关的情绪”（Pekrun & Stephens 2010：239），为分析学业情绪的形成因素、作用机制及其间的双向复杂关系提供了综合框架。Pekrun & Stephens（2010）提出的情绪三维结构主张从“指向目标、效价及唤醒程度”三个维度界定学业情绪。依据指向目标，学业情绪可被分为过程性情绪（如愉悦、无聊）及结果性情绪（如焦虑、希望）；依据效价，学业情绪可被分为积极情绪（如愉悦、希望）及消极情绪（如焦虑、无聊）；依据唤醒程度，学业情绪可被分为高唤醒情绪（如愉悦、焦虑）和低唤醒情绪（如无聊、失望）。外语愉悦是学习者在外语学习环境中体会到的“快乐、乐趣、兴趣以及不无聊情感”（Dewaele & MacIntyre

2014），是学习者在满足了自身需求，及超越需求完成了一些新的甚至意想不到的事情时产生的（Dewaele & MacIntyre 2016）。根据情绪三维结构，外语愉悦可被界定为在外语学习过程中产生的一种积极、高唤醒、过程性情绪（Li & Li 2023）。

2.2　外语愉悦与外语成绩关系研究概述

自积极心理学被引入二语习得领域以来（MacIntyre & Gregersen 2012；MacIntyre & Mercer 2014），二语研究者开始关注情绪的多元化维度，尤其关注积极情绪的作用（Dewaele & MacIntyre 2016；秦丽莉等 2022）。在所有积极情绪中，外语愉悦受到了研究者的青睐，相关研究成果呈指数上涨（Botes *et al.* 2022）。

外语愉悦与外语成绩间的关系是外语愉悦研究的核心议题，已有研究可分为以下三类：1）外语愉悦对外语成绩的预测作用研究，包括直接预测作用（如 Dewaele & Alfawzan 2018；Jin & Zhang 2021；Li & Li 2023；Saito *et al.* 2018；李成陈、韩晔 2022）及间接预测作用（如 Li 2020；Shao *et al.* 2020；崔雨、孟亚茹 2023；李成陈 2020）；2）外语成绩对外语愉悦的预测作用研究（如 Dewaele & Li 2022）；3）外语愉悦与外语成绩间的双向影响关系研究（如 Li *et al.* 2020）。这三类研究中，第一类研究占主导地位。学者们以中国、日本、沙特阿拉伯等国，以及伦敦等地的英语学习者为受试，探讨外语愉悦对外语成绩的预测作用，得出外语愉悦能正向预测外语成绩（Dewaele & Alfawzan 2018；Jin & Zhang 2021；Li & Li 2023；Saito *et al.* 2018）。虽然 Dewaele *et al.*（2023）的研究得出外语愉悦对外语学习成绩无显著预测作用，但 Botes *et al.*（2022）的元分析证明外语愉悦能显著正向预测外语成绩。此外，李成陈、韩晔（2022）发现在网课环境下，外语愉悦也能正向预测外语成绩；Dewaele & Alfawzan（2018）得出外语愉悦对外语成绩的预测作用高于外语焦虑对外语成绩的预测作用；Li & Li（2023）指出，同外语焦虑与外语无聊相比，外语愉悦对外语成绩的预测作用最强且持续时间最长。

虽然研究者们已为探讨外语愉悦及外语成绩间的关系做了许多贡献，但现有研究还存在以下不足，值得进一步探索。第一，现有研究主要聚焦外语愉悦对外语成绩的预测作用，忽视了外语成绩对外语愉悦的预测作用。根据控制—价值理论，学习者的学业情绪与其学习成绩间存在双向影响关系。Li *et al.*（2020）及 Dewaele & Li（2022）基于中国高中生开展的研究证实了这一观点，但这两项研究的受试都是高中英语学习者。因此，需要基于更多元化的外语学习者展开实证研究，探讨外语成绩对外语愉悦的预测作用，从而验证控制—价值理论关于学业情绪与学业成绩间存在双向影响关系的推断是否适用于二语习得领域。第二，现有研究大多基于高中生及非英语专业大学生展开，少有研究者关注英语专业大学生的愉悦体验。Shao *et al.*（2020）指出，中国英语专业学生在中国高等教育外语学习者人数中占比最大；Piniel & Albert（2018）通过一项质性研究得出愉悦及焦虑是英语专业学生最常经历的两种情绪。因此，应给予英语专业学生更多关注。第三，现有研究多为定量研究，缺乏质性研究及混合研究。徐锦芬（2021）指出混合研究利用并整合了定量、定性两种方法的优势，有利于对研究问题作出更严格的推论。因此，二语习得研究者在开展情绪研究时不能局限于量化研究，应运用多样化的数据收集及分析方法（Dewaele & Li 2020）。

鉴于此，本研究旨在实现以下两个研究目的：1）以我国英语专业本科生为受试，调查其在英语学习中的愉悦水平；2）基于已有研究结果，依据控制—价值理论，进一步探讨外语成绩对外语愉悦的预测作用。

基于以上两个研究目的，提出以下两个研究问题：

1）英语专业本科生在英语学习过程中的愉悦水平如何？

2）学生所取得的外语成绩对其外语愉悦的预测作用如何？

3. 研究方法

3.1 受试和研究情境

本研究采取便利抽样，在某外语类高校英语专业本科二年级学生中进行抽样调查，最终获取有效受试共 227 人。受试的年龄范围为 18~23 岁（M=19.65，SD=0.83）。其中女生 199 人（87.7%），男生 28 人（12.3%）；汉族学生 204 人（89.9%），少数民族学生 23 人（10.1%）。

本研究将研究情境设定在《中级英语》这门课程中，原因如下。1）学者呼吁关注学生在不同课程、不同课堂环节以及不同任务中的情绪体验（Dewaele & Li 2022），作为《基础英语》及《高级英语》的衔接课程，《中级英语》这门必修课对英语专业学生至关重要，因此调查学生在这门课程学习中的情绪体验具有重要意义。2）英语专业学生所修读的所有课程都与英语有关，不利于后续数据收集，因而需将此研究限定在某一特定课程之中。经前期调研，学生认为在《中级英语》这门课程中所取得的成绩最具代表性。3）《中级英语》分《中级英语Ⅰ》《中级英语Ⅱ》，分别开设于大二上期及大二下期，抽样调查时，所有受试都结束了《中级英语Ⅰ》课程的修读及测试，知晓了其考试成绩，正在修读《中级英语Ⅱ》这门课程，符合本研究追踪研究的目的。

3.2 研究工具

本研究主要借助问卷调查进行，所采用的数据收集工具为由个人基本信息、中文版《外语愉悦量表》及一个开放性问题组成的问卷，数据分析工具为SPSS 27.0。问卷的第一部分为个人基本信息，涉及性别、年龄、民族及《中级英语Ⅰ》课程成绩；第二部分借助 Li *et al.*（2018）所开发及验证的中文版《外语愉悦量表》测量学生的外语愉悦水平；第三部分为一个开放性问题，要求学生阐述在《中级英语Ⅰ》这门课程中取得的成绩对其学习《中级英语Ⅱ》这门课程的影响。中文版《外语愉悦量表》是本问卷的主体部分，以下为对此量表的简要介绍。

中文版《外语愉悦量表》是《外语愉悦量表》（Dewaele & MacIntyre 2014，2016）的缩减改编版，是由 Li *et al.*（2018）基于中国英语学习者开发及验证的，属于李克特五级量表（从 1 到 5 分别代表“完全不同意”到“完全同意”）。此量表包含个人外语愉悦、教师相关型外语愉悦和课堂氛围相关型外语愉悦 3 个分量表，共计 11 个题项。经验证，中文版《外语愉悦量表》具有较为理想的信度及效度，是我国外语愉悦研究可靠、有效的本土化量表（Li *et al.* 2018），能够用于此研究。基于本研究的研究目的及研究情境，本研究稍微改编了原量表，将所有题项的原有情境限定为《中级英语Ⅱ》课堂，将所有题项中原有的“英语”替换为“《中级英语Ⅱ》”，如“学习《中级英语Ⅱ》的过程中，我学了很多有趣的事情”。在本研究中，该量表具有较为理想的信度，总量表及分量表信度指数分别为 0.875、0.823、0.910 及 0.816。

3.3 数据收集及分析

本研究借助线上调查问卷平台“问卷星”发放问卷、收集数据。在问卷制作完成后，研究者将问卷链接转发给受试填写问卷。研究者向所有受试阐述了问卷目的并获取了他们的同意，问卷采用匿名回答形式。

通过问卷调查获取数据后，研究者首先使用 SPSS 27.0 对数据进行正态性检验及量表信度检验。Cronbach's α 显示总量表及三个分量表皆具有较为理想的信度。偏度系数、直方图及 Q-Q plot 结果显示所有变量都呈正态分布，可进行后续参数性统计分析。接着，本研究借助 SPSS 27.0 对数据进行描述性统计分析、单因素组内方差分析及一元线性回归分析。此外，在取得量化研究结果后，本研究对开放性问题的答案进行了质性分析。

4. 结果与讨论

4.1　英语专业本科生外语愉悦水平总体情况

为把握英语专业本科生的外语愉悦水平总体情况，本研究首先进行了描述性统计分析，结果见表 1。

表 1.　外语愉悦水平（n=227）

变量	平均数	标准差	中位数	最小值	最大值
外语愉悦（总）	3.59	0.60	3.64	1.55	5.00
个人外语愉悦	3.17	0.73	3.20	1.20	5.00
教师相关型外语愉悦	4.33	0.63	4.33	2.00	5.00
课堂氛围相关型外语愉悦	3.55	0.84	3.67	1.00	5.00

表 1 显示，受试的整体外语愉悦（*M*=3.59，*SD*=0.60）、个人外语愉悦（*M*=3.17，*SD*=0.73）、教师相关型外语愉悦（*M*=4.33，*SD*=0.63）及课堂氛围相关型外语愉悦（*M*=3.55，*SD*=0.84）皆处于中等偏上水平。

为进一步对比受试的外语愉悦三个子维度间的差异情况，本研究进行了单因素组内方差分析，结果见表 2。

表 2.　外语愉悦维度间差异情况（n=227）

<table>
<tr><th></th><th colspan="2">个人</th><th colspan="2">课堂氛围
相关型</th><th colspan="2">教师
相关型</th><th>F
（2 452）</th><th>重复对比结果</th></tr>
<tr><td rowspan="2">外语
愉悦</td><td>M</td><td>SD</td><td>M</td><td>SD</td><td>M</td><td>SD</td><td rowspan="2">275.79***</td><td rowspan="2">课堂氛围相关型>个人
教师相关型>课堂氛围相关型</td></tr>
<tr><td>3.17</td><td>0.73</td><td>3.55</td><td>0.84</td><td>4.33</td><td>0.63</td></tr>
</table>

注：***p<0.001（双尾）。

单因素组内方差分析结果显示受试的外语愉悦三个子维度水平存在显著差异，*F*（2 452）=275.79，p<0.001。重复对比结果表明：教师相关型外语愉悦水平（*M*=4.33，*SD*=0.63）显著高于课堂氛围相关型外语愉悦水平（*M*=3.55，*SD*=0.84）显著高于个人外语愉悦水平（*M*=3.17，*SD*=0.73）。

此研究得出的教师相关型外语愉悦水平最高这一结果与 Li *et al.*（2018），崔雨、孟亚茹（2023）的研究结果一致，表明无论学生处于什么学习阶段，其外语愉悦大多来自教师。在开放性问题中，许多学生所提到的“遇到了很好的老师”“老师总是鼓励我们”等也支持了这一发现。此研究发现个人外语愉悦最低，这一结果与 Li *et al.*（2018），崔雨、孟亚茹（2023）发现的课堂氛围相关型外语愉悦最低的结果不同。说明相比于高中英语学习者及非英语专业大学生，英语专业本科生周围有更好的英语学习氛围。可能的原因是，于高中生而言，英语只是六门课程中的一门，他们需要把时间分给其他课程；于非英语专业大学生而言，英语仅是一门副课、一门工具，他们需主攻自身专业课学习；于英语专业本科生而言，英语是他们的主业。《中级英语》作为必修课，学分高、绩点高，因此学生会更加重视这一课程，自然就会有更好的学习氛围。此外，对于此研究中个人外语愉悦水平最低这一结果，分析个人外语愉悦这一分量表下的 5 个题项，得知题项 4 “在班里，我为自己的《中级英语》成绩感到自豪”的均值仅为 2.07，这表明几乎所有受试都不满足于自己的成绩。本研究推测这不仅与中国学生谦虚的特性有关，还与其不满现状、积极进取的学习态度有关。在开放性问题中，成绩高和成绩低的学生都提到对自己的成绩不满意，例如有一个成绩名列前茅的学生这样说：“上学期考了 87 分，其实感觉不是很满意。”

4.2　外语成绩对外语愉悦的预测作用

为了解外语成绩对外语愉悦的预测作用，本研究进行了 3 次一元线性回归分析，结果见表 3。

表 3.　外语成绩对外语愉悦的预测作用

预测变量	因变量	β	t	R^2	F
外语成绩	外语愉悦（总）	0.147	2.233*	0.022	4.986*
	个人外语愉悦	0.262	4.069***	0.069	16.558***
	教师相关型外语愉悦	0.053	0.796	0.003	0.634
	课堂氛围相关型外语愉悦	-0.032	-0.485	0.001	0.235

注：***p<0.001，*p<0.05（双尾）。

回归分析结果显示当将外语成绩作为预测变量时，只有当总外语愉悦（F=4.986，p<0.05）及个人外语愉悦（F=16.558，p<0.001）分别作为因变量时，回归方程才有效。表明外语成绩能正向预测总外语愉悦及个人外语愉悦，但对教师相关型外语愉悦及课堂氛围相关型外语愉悦无显著预测作用。进一步对比 β 系数发现，外语成绩对个人外语愉悦的预测作用（β=0.262）高于对总外语愉悦（β=0.147）的预测作用。对比 R^2 发现，外语成绩对个人外语愉悦的方差贡献率（R^2=0.069）高于对总外语愉悦的方差贡献率（R^2=0.022）。

依据控制—价值理论（Pekrun 2006；Pekrun & Stephens 2010），学生的控制—价值评价、学业情绪以及学业成绩间存在双向预测关系，这一理论推断在教育学领域已得到了充分的实践支持。在 Pekrun *et al.*（2017）开展的历时研究中，研究者以结构方程建模的方式证明了积极情绪如愉悦能够正向预测学生的学业成绩（数学成绩），取得的学业成绩能够正向预测积极情绪水平。在二语习得领域，虽然学者们多次呼吁探讨外语情绪与外语成绩间的双向预测作用（Botes *et al*. 2022；Dewaele & Li 2020；Li & Li 2023），但研究者大多探讨外语情绪对外语成绩的预测作用，忽视了外语成绩对外语情绪的预测作用。聚焦外语愉悦，Li *et al*.（2020）及 Dewaele & Li（2022）基于中国高中生展开研究，探讨了外语成绩对外语愉悦的预测作用，两项研究皆表明外语成绩能够正向预测外语愉悦水平。此研究中，以英语专业本科生作为受试得出的结果与 Li *et al*.（2020）及 Dewaele & Li（2022）以中国高中生作为受试得出的结果一致。因此，此研究为控制—价值理论所提出的学业情绪与学业成绩间存在双向预测关系这一推断在二语习得领域的适用性提供了实践证据。

根据控制—价值理论，控制评价及价值评价是学业情绪的前因，学业成绩是学业情绪的后果，学业情绪与其前因后果间存在双向影响作用（Pekrun & Stephens 2010），所获得的质性数据进一步证实了这种双向预测作用。当被问到《中级英语Ⅰ》的成绩对其学习《中级英语Ⅱ》的影响时，考试成绩高、愉悦水平高的学生认为《中级英语Ⅰ》的成绩提高了其学习自信心（"更有信心学好这门课程""想认真学习，取得更好的成绩""成绩为我提供了继续学的动力和信心""成绩会激励我这学期坚持学下去，只要认真学习就一定能提高，取得好成绩"）。而考试成绩低、愉悦水平低的学生认为《中级英语Ⅰ》的考试成绩令其感到沮丧、挫败且对其造成心理压力（"有些沮丧，明明很认真复习了，依然没有达到预期效果""上学期考得太差，这学期学习《中级英语Ⅱ》，觉得有点心慌"）；打击了其学习自信心（"我总是感觉不自信，感觉学习没有动力""考试让我觉得很难，感觉课上学的东西没有在考试中体现出来，非常打击学生学习的自信心""影响很消极，我那么努力学了课程内容，但是碍于词汇量和语法知识不足考试还是不能有高分，不过这不是老师和这门课程的问题，可能是我太差了"）；磨灭了其学习热情（"太难了，非常不想学""学习热情不高"）。学生所提到的学习自信心实则为对某项任务的控制评价。由此可知，《中级英语Ⅰ》成绩越高的学生对《中级英语Ⅱ》的控制评价越高，进而在《中级英语Ⅱ》学习过程中体验到更高水平的愉悦情绪。

此研究有理论和现实意义。理论层面，此研究证实控制—价值理论所提出的学业情绪与学业成绩间存在双向影响关系的观点在二语习得领域同样适用。现实层面，本研究启示外语研究者及教育者以"全人"视角看待二语学习者（Dewaele & Li 2020），既关注学生外语成绩也关注其情绪体验。外语教育的目标不应局限于提高外语学习者的学习成效及语言教师的教学成效，还应关注教师和学生的心理健康（李成陈 2021）。此外，控制评价、情绪及成绩环环相扣，二语教学者应帮助学习者对学习成绩进行正确归因，提高其控制评价，从而提高外语愉悦水平及外语学习成绩。

5. 结语

本研究发现：1）中国英语专业本科生的外语愉悦处于中等偏上水平，在三个维度的外语愉悦中，教师相关型外语愉悦水平最高，个人外语愉悦水平最低；2）外语成绩能够显著正向预测外语愉悦，且这种正向预测作用主要通过影响学生对任务或结果的控制评价实现。

本研究表明控制—价值理论对于学业情绪与学业成绩间存在双向影响作用的推断同样适用于二语习得领域，为验证控制—价值理论在二语习得领域的适用性提供了实证依据。外语教育不仅旨在提升学习者的语言学习成效，还旨在提升其语言学习过程中的幸福体验。此研究启示二语教学者以“全人”视角看待二语学习者，既关注学生外语成绩也关注其情绪体验，从而形成高外语愉悦水平预测高外语成绩，高外语成绩预测高外语愉悦水平这一良性循环。

本研究的受试仅为一所外语类高校的英语专业本科二年级学生，未来研究可扩大受试选取范围，检验能否得出同样的结果。此外，本研究仅考察了前一阶段所取得的外语成绩对下一阶段学习过程中外语愉悦的预测作用，未能继续追踪外语愉悦对外语成绩的预测作用，今后可展开历时研究，追踪学习者情绪变化，同时探讨外语学业情绪与外语学业成绩的因果关系。

参考文献

Botes, E., J.-M. Dewaele & S. Greiff. 2022. Taking stock: A meta-analysis of the effects of foreign language enjoyment [J]. *Studies in Second Language Learning and Teaching* 12: 205-232.

Dewaele, J.-M. & C. Li. 2020. Emotions in second language acquisition: A critical review and research agenda [J]. *Foreign Language World* 196: 34-49.

Dewaele, J.-M. & C. Li. 2022. Foreign language enjoyment and anxiety: Associations with general and domain-specific English achievement [J]. *Chinese Journal of Applied Linguistics* 45: 32-48.

Dewaele, J.-M. & M. Alfawzan. 2018. Does the effect of enjoyment outweigh that of anxiety in foreign language performance? [J]. *Studies in Second Language Learning and Teaching* 8: 21-45.

Dewaele, J.-M. & P. D. MacIntyre. 2014. The two faces of Janus? Anxiety and enjoyment in the foreign language classroom [J]. *Studies in Second Language Learning and Teaching* 4: 237-274.

Dewaele, J.-M. & P. D. MacIntyre. 2016. Foreign language enjoyment and foreign language classroom anxiety: The right and left feet of the language learner [A]. In P. D. MacIntyre, T.

Gregersen & S. Mercer (eds.). *Positive Psychology in SLA* [C]. Bristol: Multilingual Matters. 215-236.

Dewaele, J.-M., E. Botes & S. Greiff. 2023. Sources and effects of foreign language enjoyment, anxiety, and boredom: A structural equation modeling approach [J]. *Studies in Second Language Acquisition* 45: 461-479.

Dewaele, J.-M., X. Chen, A. M. Padilla & J. Lake. 2019. The flowering of positive psychology in foreign language teaching and acquisition research [J]. *Frontiers in Psychology* 10: 2128. doi: 10.3389/fpsyg.2019.02128.

Fredrickson, B. L. 2001. The role of positive emotions in positive psychology: The broaden-and-build theory of positive emotions [J]. *American Psychologist* 56: 218-226.

Jin, Y. & L. J. Zhang. 2021. The dimensions of foreign language classroom enjoyment and their effect on foreign language achievement [J]. *International Journal of Bilingual Education and Bilingualism* 24: 948-962.

Li, C. 2020. A positive psychology perspective on Chinese EFL students' trait emotional intelligence, foreign language enjoyment and EFL learning achievement [J]. *Journal of Multilingual and Multicultural Development* 41: 246-263.

Li, C. & W. Li. 2023. Anxiety, enjoyment, and boredom in language learning amongst junior secondary students in rural China: How do they contribute to L2 achievement? [J]. *Studies in Second Language Acquisition* 45: 93-108.

Li, C., G. Jiang & J.-M. Dewaele. 2018. Understanding Chinese high school students' foreign language enjoyment: Validation of the Chinese version of the foreign language enjoyment scale [J]. *System* 76: 183-196.

Li, C., J.-M. Dewaele & G. Jiang. 2020. The complex relationship between classroom emotions and EFL achievement in China [J]. *Applied Linguistics Review* 11: 485-510.

MacIntyre, P. D. & S. Mercer. 2014. Introducing positive psychology to SLA [J]. *Studies in Second Language Learning and Teaching* 4: 153-172.

MacIntyre, P. D. & T. Gregersen. 2012. Emotions that facilitate language learning: The positive-broadening power of the imagination [J]. *Studies in Second Language Learning and Teaching* 2: 193-213.

Pekrun, R. 2006. The control-value theory of achievement emotions: Assumptions, corollaries, and implications for educational research and practice [J]. *Educational Psychology Review* 18: 315-341.

Pekrun, R. & E. J. Stephens. 2010. Achievement emotions: A control-value approach [J]. *Social and Personality Psychology Compass* 4: 238-255.

Pekrun, R., S. Lichtenfeld, H. W. Marsh, K. Murayama & T. Goetz. 2017. Achievement emotions and academic performance: Longitudinal models of reciprocal effects [J]. *Child Development* 88: 1653-1670.

Piniel, K. & A. Albert. 2018. Advanced learners' foreign language-related emotions across the four skills [J]. *Studies in Second Language Learning and Teaching* 8: 127-147.

Saito, K., J.-M. Dewaele, M. Abe & Y. In'nami. 2018. Motivation, emotion, learning experience, and second language comprehensibility development in classroom settings: A cross-sectional and longitudinal study [J]. *Language Learning* 68: 709-743.

Shao, K., R. Pekrun, H. W. Marsh & K. Loderer. 2020. Control-value appraisals, achievement emotions, and foreign language performance: A latent interaction analysis [J]. *Learning and Instruction* 69: 101356. doi: 10.1016/j.learninstruc.2020.101356.

崔雨、孟亚茹，2023，积极心理学视角下自我效能感、外语愉悦与英语水平的关系研究 [J]，《外语研究》（1）：75-80。

董连棋、刘梅华，2022，外语愉悦对外语成绩的效应路径探究——有调节的中介模型 [J]，《现代外语》（2）：195-206。

李成陈，2020，情绪智力与英语学业成绩的关系探究——愉悦、焦虑及倦怠的多重中介作用 [J]，《外语界》（1）：69-78。

李成陈，2021，积极心理学视角下的二语习得研究：回顾与展望（2012—2021）[J]，《外语教学》（4）：57-63。

李成陈、韩晔，2022，外语愉悦、焦虑及无聊情绪对网课学习成效的预测作用 [J]，《现代外语》（2）：207-219。

秦丽莉、姚澜、牛宝贵，2022，第二语言学习者情感研究述评 [J]，《外语教育研究前沿》（2）：51-58。

王毓琦，2023，二语坚毅与交际意愿的关系探究——外语愉悦与焦虑的中介效应 [J]，《现代外语》（1）：42-55。

徐锦芬，2021，应用语言学研究的国际动态与前沿分析 [J]，《现代外语》（4）：448-455。

通信地址： 710128 陕西省西安市长安区文苑南路6号西安外国语大学长安校区

作者简介： 王国萍，西安外国语大学英文学院硕士研究生，研究方向为应用语言学、二语习得。

Email：1494634414@qq.com

（文字编辑：霍炜）

心理韧性与二语动机性行为的关系探究*

黄冈师范学院 刘松涛 黄婷婷

提要：本研究对 321 名中国英语专业大学生进行问卷调查，通过描述性统计分析、相关性分析和线性回归等方法，探讨了心理韧性与二语动机性行为之间的关系。研究结果显示：1）受试在心理韧性和二语动机性行为上表现出较高水平；2）心理韧性与二语动机性行为之间存在中度显著正相关，其中，心理韧性的移情与二语动机性行为之间呈现最为显著的正相关；3）移情对二语动机性行为的预测作用最强。这些研究结果为培养学习者的心理韧性，提升二语动机性行为，预防二语学习动机减退提供了研究参考和实践启示。

关键词：心理韧性；二语动机性行为；二语学习
DOI:10.20054/j.cnki.sllr.2023.17.004

1. 引言

近年来，随着积极心理学在二语习得领域的兴起，心理韧性（resilience）和二语学习动机的关联开始受到学术界的关注（Oxford 2016；Yun *et al.* 2018）。理论上，心理韧性被认为有助于学习者克服二语习得的关键性困难，防止学习者放弃二语学习，对二语动机性行为（motivated second language learning behavior，学习者在课堂内外预期的学习努力）产生积极影响。研究表明，拥有较高心理韧性的学习者能够在二语学习中保持较高水平的二语动机性行为（Kim & Kim 2017）。

* 本文系世界语言与文化研究青年项目“无聊：外语学习消极情绪的积极干预对策研究”（项目编号：WYZL2022HB0011）、湖北省教育厅哲学社会科学研究项目“写作反馈的二重奏：自动评分与人工评分对写作水平的影响”（项目编号：20Q139）、黄冈师范学院教研项目“坚毅与愉悦对L2WTC的影响——A Three Wave Panel Study”（项目编号：2023CE27）的阶段性研究成果。

然而，到目前为止，学界鲜有基于实证视角探索和验证两者之间内在因果关系的研究，因此未能充分揭示人格特征与二语学习动机在二语习得中的重要作用。尽管二语习得领域长期以来一直关注二语学习动机的研究（Boo *et al.* 2015），但对于培养二语学习者的心理韧性却关注较少。已有研究表明，心理韧性与二语学习动机密切相关（Kim & Kim 2017，2021）。但对两者之间相互作用机制的研究相对稀缺，已有研究主要关注非英语专业和中学阶段的学习群体（Liu & Han 2022），针对英语专业大学生群体的研究相对不足。

培养心理韧性有望增强二语学习动机，促使更多的二语学习行为和二语学习的成功（Dörnyei & Skehan 2003）。反之，学习动机及其表现的学习行为可能会调节心理韧性，帮助个体有效应对二语学习中的压力和挫折，提高重新适应二语学习环境的能力。因此，探究这两者之间的关系显得尤为重要。本研究以英语专业本科生为研究对象，旨在深入研究心理韧性对二语动机性行为的影响，同时探讨这两者之间的因果关系和相互作用机制。

2. 文献回顾

2.1　心理韧性

心理韧性作为一种克服挑战的心理机制（Luthar *et al.* 2000）和适应装置，通常被定义为"一种成功应对压力能力的度量单位"（Connor & Davidson 2003：77）。它代表了个体从逆境中恢复和适应周围环境的内在心理潜能。在教育领域，心理韧性主要关注个体在面对学业挫折、紧张和学习压力时的积极适应和良好发展能力（Luthar *et al.* 2000；Martin 2002；Wagnild & Collins 2009）。为了衡量这一内在概念，一些研究开发了测量心理韧性结构的量表（Shin *et al.* 2009）。

随着教育心理学和积极心理学的研究逐渐渗透到二语学习领域，形成了跨学科、综合研究的趋势，心理韧性开始引起二语习得领域的关注。研究人员开始质疑现有的心理韧性量表在二语学习领域的适用性，并提出了适合外语学习者的心理韧性测量工具的开发需求（Kim & Kim 2017）。因此，他们提出了心理韧性的五维结构，包括英语学习中的感知幸福（perceived happiness）、移情（empathy）、社交（sociability）、毅力（persistence）和自我调节（self-regulation）。作为二语学习中重要的心理个体差异因素，心理韧性的整体状况尚不清楚，需要进一步深入研究。

然而，关于心理韧性内部结构仍然存在争议。一些研究发现，心理韧性核心变量中具有良好信度和效度的是感知幸福（Kim & Kim 2017），而其他研究结果表明，毅力（Liu & Han 2022）和自我调节（Wei *et al.* 2022）也可能是核心变量。此外，不同研究对心理韧性的维度数目存在差异。例如，詹先君（2018）将二语学习中的韧性拓展为七维结构（自我效能、毅力、情绪调控、人际协助、积极认知、家庭支持、共情），Kim & Kim（2021）提出了与之前不同的五维结构（自我镇定、社交、生活满意度、沟通效能、现实乐观主义），而 Zhang（2022）则将其视为十二维结构（移情、问题解决、自尊、同伴支持等）。心理韧性在二语习得领域的研究尚处于起步阶段，还需进一步研究。因此，本研究旨在回应 Kim & Kim（2021）的呼吁，探索适用于中国英语学习特定情境的心理韧性，采用了在学术界广泛使用的 Kim & Kim（2017）的量表，对其内部结构进行验证，并对英语专业大学生心理韧性的整体状况进行描述性统计分析。

2.2 二语动机性行为

二语动机性行为指的是学习者在学习二语（例如英语）时所投入的努力程度和种类（Kim & Kim 2021：422）。研究认为，二语动机性行为涵盖了学习二语的渴望、动机强度（或努力程度）及对学习二语的态度（Gardner *et al.* 1985）等三个方面，具体包括：为实现二语目标付出的努力、对学习二语的意愿，对二语学习任务的重视和坚持程度（Khany & Amiri 2018；Kormos & Csizér 2008；Papi 2010；Papi *et al.* 2019；李昆 2021；刘珍等 2012）。二语动机性行为在促进二语学习成就方面发挥着重要作用，它能够在漫长的学习过程中帮助学习者降低去动机水平，培养可能的心理韧性，从而避免对学习态度和行为产生负面影响，以及产生长期广泛的消极学习结果（Falout *et al.* 2009）。

在二语学习过程和结果中，心理个体差异变量对二语学习过程与结果产生重要影响（徐锦芬 2020）。动机与情绪一样，并不能直接推动二语学习结果的取得，而是需要通过“努力程度”来影响行为的过程（马广惠 2005；吴一安等 1993）。有研究认为，由于情绪的普遍性、在激励行为中的作用以及随时间变化而产生的灵活性，“情绪是动机系统的重要组成部分”（MacIntyre 2002：63）。同时，还有研究主张情绪是心理韧性的重要组成部分（Connor & Davidson 2003）。因此，心理韧性是否与动机有关，尤其是与二语动机性行为有无关联，成为关键问题。近年来，部分研究开始关注和探讨这两者之间的关系（Kim & Kim 2017，2021），并发现它们之间存在显著的正向关联。然而，这些研究主要基于异国文化环境和不同学习阶段，以及非英语专业学习者。另外，考虑到心理韧性在个体内部或个体与环境互动时呈现出动态发展特点，并在不同情境和领域呈现出较强的差异性（Luthar *et al.* 1993），有关中国英语专业学习者的心理韧性与二语动机性行为之间关系的研究亟待进行。

2.3　心理韧性与二语动机性行为的影响关系

心理韧性与二语动机性行为之间的影响关系受到拓展—建构理论（broaden-and-build theory）（Fredrickson 2003）、二语动机自我系统（L2 motivational self system）（Dörnyei 2005）和行为控制理论（action control theory）（Kuhl 1984）的启发，这些理论在二语习得领域中涵盖外语情绪、动机以及学习行为的研究。首先，拓展—建构理论（Fredrickson 2003）强调心理韧性与积极情绪之间的紧密联系。高水平的积极情绪体验有助于拓展学习者的知识与行动资源，进而培养强大的心理韧性；而在面对学业挫折与压力时，心理韧性高的个体往往会产生更多的积极情绪。因此，积极情绪与心理韧性并不是孤立的心理资源，而是与高心理韧性个体相关的显著特征（Tugade & Fredrickson 2004）。其次，二语动机自我系统关注着理想二语自我、应该二语自我和学习经验这三个维度，将自我形象与学习动机联系起来，并强调自我形象及动机的动态演变对后续的二语学习行为产生影响。这一理论凸显了自我在动机和行为关系研究中的核心地位，强调了动机的多层次性、复杂性及其与环境之间的关联（刘珍等 2012）。最后，行为控制理论提出了行动控制导向和行动控制策略两种策略，并强调行动控制导向是一种动态控制模式。该模式使学习者能够根据不同的学习任务情境，灵活地操控动机系统，有效地调动意志系统的功能，实现从当前情境到未来理想状态的跃升（王丽荣、秦红芳 2011）。上述理论凸显了情绪、人格特征、动机和行为之间的复杂关系，以及这些因素对二语学习努力程度的重要影响。

基于以上理论框架，本研究试图解释心理韧性对二语动机性行为的影响机制。在二语习得领域，动机因素一直受到广泛关注，而对积极心理因素的关注较少，更鲜有关于心理韧性与动机性行为相互关联的研究。近年来，学术界开始注意到心理韧性（Kim & Kim 2021），但目前仅有 Martin（2002）在动机与学业韧性关系的理论基础上，提出了动机模型，并引入了学业韧性的概念。然而，该研究仅停留在理论层面，缺乏该模型在二语学习领域的适切性验证以及相关的实证研究数据支持。同时，虽然 Kim & Kim（2017）与 Zhang（2022）等研究调查了这两个变量之间的关系，但这些研究仅针对韩国高中生或国内非英语专业大学生，缺乏对中国英语专业大学生的深入探究以及对情境因素的考量。因此，当情境变化时，影响心理韧性与触发二语动机性行为的相关因素已发生变化，这时既有研究对心理韧性与二语动机性行为关系的解释力不足，迫切需要深入探讨，唯有从学理上对心理韧性与动机性行为影响关系的研究进行严谨科学的探索，进行更集中、更有针对性的分析，才能澄清这类问题的本质，进而找到相应的干预或治理之道。另外，一些研究结果存在着截然相反的情况，而且缺乏基于理论指导的自变量输入顺序，这可能会显著影响层次回归的结果，从而只能描绘出问题的一部分图景。最后，这些研究并没有从二语教育的视角来探讨，而是仅从一般教育的角度进行了回归分析。

综上所述，心理韧性与二语动机性行为之间的因果关系尚未得到实证研究验证，且学界尚未形成一致且具有说服力的看法。因此，本研究旨在回答以下问题：

1）中国英语专业大学生的心理韧性与二语动机性行为的总体状况如何？

2）中国英语专业大学生的心理韧性是否与二语动机性行为存在相关关系？

3）中国英语专业大学生的心理韧性是否能够预测其二语动机性行为？

3. 研究方法

3.1 受试

本研究选取华中地区某高校英语类专业（包括英语专业、翻译专业及商务英语专业）321 名英语为外语的学习者为受试，其年龄范围在 17~24 岁之间（*M*=19~20 岁，*SD*=0.725）。其中，男生 37 人（11.53%），女生 284 人（88.47%）；另外，他们的英语学习年限分布如下：5~6 年 16 人（4.98%），7~8 年 53 人（16.51%），9~10 年 91 人（28.35%），10 年以上 161 人（50.16%）。

3.2 研究工具

本研究问卷由三部分组成。第一部分是填写说明，强调受试的自愿参与，并保证匿名性，明确所获数据仅用于研究，并遵守科学研究伦理规范的要求等。第二部分是受试的背景信息，包括性别、年龄、专业、英语学习年限等主要变量。第三部分选自 Kim & Kim（2017）编制的英文版心理韧性量表与二语动机性行为量表，前者包含 26 题项，后者有 5 个题项，所有题项采用李克特五级量表，从 1 到 5 分别代表从“完全不同意”到“完全同意。本研究依据受试的特点，对问卷进行了适当的调整与删减，各项拟合指数基本符合（x^2/df=2.668<3，*GFI*≥*0*.90，*RMSEA*=*0*.072<0.10，*RMR*=*0*.035<0.05，*CFI*≥*0*.90，*NFI*≥*0*.90，*NNFI*≥*0*.90）。量表的 Cronbach's α 为 0.862，KMO 值为 0.887，Bartlett 球形检验值为 0.000，p<0.05，说明问卷信度、效度表现良好。

3.3 数据收集与分析

本研究使用问卷星平台进行问卷的发放与回收。所收集的定量数据用 SPSS 26.0 与 SPSSPRO 进行分析。分析过程包括以下步骤：首先，针对心理韧性和二语动机性行为进行探索性因子分析与验证性因子分析，对不符合数据采集的维度与题项进行了调整。例如，删除了社交与毅力子组分，以及感知幸福的第 1、3、6、7、8 题项和二语动机性行为的第 1 题项。其次，对数据的正态分布性进行了检验。使用了 Shapiro-Wilk 检验，与 Kolmogorov-Smirnov 检验，并结合正态 Q-Q 概率图的判定，确定数据基本接近正态分布（各变量峰度绝对值小于 2 并且偏度绝对值小于 1，同时，Q-Q 概率图呈现出钟形）。然后，使用 Pearson 检验来比较心理韧性各分维度与二语动机性行为的相关性。最后，采用多元回归分析探讨心理韧性各子组分对二语动机性行为的影响。以上是数据收集和分析的主要步骤，通过这些步骤，本研究将深入探讨心理韧性与二语动机性行为之间的关系。

4. 研究结果

4.1　心理韧性与二语动机性行为总体状况

根据描述性统计分析结果（见表 1），受试的心理韧性平均得分为 3.567（*SD*=0.459），而二语动机性行为的平均得分为 3.583（*SD*=0.527）。根据 Oxford & Burry-Stock（1995）的标准，这些得分都处于高等水平区域。

表 1.　心理韧性与二语动机性行为的描述性统计分析（N=321）

变量名	样本量	中位数	平均值	标准差	偏度	峰度	S-W检验	K-S检验
移情	321	3.571	3.547	0.473	-0.643	1.612	0.956***	0.122***
自我调节	321	3.667	3.518	0.566	-0.764	0.955	0.929***	0.174***
感知幸福	321	3.750	3.613	0.615	-0.606	0.274	0.939***	0.181***
心理韧性	321	3.667	3.567	0.459	-0.679	1.407	0.958***	0.100**
二语动机性行为	321	3.750	3.583	0.527	-0.504	1.159	0.940***	0.154***

注：**、***分别代表0.01、0.001的显著性水平。

4.2　心理韧性与二语动机性行为相关关系

表 2.　心理韧性与二语动机性行为的 Pearson 相关矩阵

	移情	自我调节	感知幸福	二语动机性行为
移情	1	0.640***	0.550***	0.595***
自我调节	0.640***	1	0.527***	0.509***
感知幸福	0.550***	0.527***	1	0.501***
二语动机性行为	0.595***	0.509***	0.501***	1

注：***代表0.001的显著性水平。

相关分析结果（见表 2）表明，心理韧性的移情、自我调节感知幸福与二语动机性行为之间的相关系数和统计显著性分别为：r=0.595，p<0.001；

r=0.509，*p*<0.001；*r*=0.501，*p*<0.001，根据 Grimm（1993）的标准，这些数据说明心理韧性的三个子组分与二语动机性行为是中度显著性正相关关系。这意味着移情、自我调节和感知幸福水平较高的学生，其二语动机性行为也较强。这一结果揭示了心理韧性水平与学生表现出的二语动机性行为之间的正向关系。

4.3 心理韧性对二语动机性行为的预测效应

通过应用线性回归方法，我们检验了心理韧性对二语动机性行为的预测效应。心理韧性模型的容忍度为 0.59，接近 1，各分维度方差膨胀因子为 1.895、1.829、1.55，均小于 10，这表明共线性问题较小，回归模型有效。

如表 3 所示，心理韧性的子组分，即移情、自我调节、感知幸福，对二语动机性行为都具有良好的预测效应。回归模型的 R^2 值为 0.41，这意味着由这三个子组分构成的组合可以解释二语动机性行为变异量的 41%。根据 Cohen（1988）的标准，这属于大效应量范畴。

表 3. 心理韧性对二语动机性行为的线性回归分析结果（n=321）

线性回归分析结果 n=321									
	非标准化系数		标准化系数	t	p	VIF	R^2	Adjusted R^2	F
	B	标准误	Beta						
常数	0.92	0.181	–	5.079	0.000	–	0.410	0.405	F=73.561 p<0.001
移情	0.424	0.066	0.380	6.402	0.000	1.895			
自我调节	0.145	0.054	0.155	2.662	0.008	1.829			
感知幸福	0.180	0.046	0.210	3.913	0.000	1.550			
因变量：二语动机性行为									

同时，在三个心理韧性子组分中，标准化回归系数显示，移情的系数为 0.380，且 *p*<0.001，表明移情对二语动机性行为具有最大的预测影响。这表明那些拥有较高移情水平的学生在其二语动机性行为方面表现出最显著的影响。此外，结果显示，$F(3, 317)$=73.561，*p*<0.001，小于 0.05，说明所构建的模型具有统计显著性和意义。

5. 讨论

本研究的第一个问题旨在评估心理韧性与二语动机性行为的整体水平。研究结果揭示，研究对象在心理韧性方面达到了高水平（*M*=3.567，*SD*=0.459），而在二语动机性行为方面同样表现出较高水平（*M*=3.583，*SD*=0.527）。此外，心理韧性和二语动机性行为的中位数均超过了它们的平均值（分别为3.567<3.667；3.583<3.750），这意味着大多数受试的分数高于李克特五级量表的中间点。这一发现验证了 Kim & Kim（2017）提供的量表在二语学习领域具备适用性，同时也说明当前英语类专业学生在心理韧性和二语动机性行为方面表现出较高水平，这与之前的研究结论大致一致。前人研究（Liu & Han 2022；张又红 2017）也指出，与高中和初中学生相比，高校英语专业学生的学习心理韧性强度要高于李克特六级或五级量表的中间点。这表明了国内英语专业大学生与中学生一样，都置身于激烈的学业竞争环境，因此必须努力提升各种保护性因素，如自信、毅力、计划和监控等，以降低自我妨碍、低控制和焦虑等高危险性因素。值得注意的是，受试在高中阶段就已经培养了这些因素，形成了一定的学习态度。这种态度进一步影响了他们在融入语言方面的成功程度（Gardner *et al.* 1985）。因此，在英语学习过程中，他们能够体验到更多的愉悦和自豪等积极情绪，从而减少了动机中的危险性因素，提升了保护性因素，保持了较高的心理韧性水平。由此可见，本研究在一定程度上突破了以往仅依据两个概念来选择受试的限制，同时还比较了三类学习群体的心理韧性水平，从而改善了“在语言学习背景下较少讨论心理韧性”的现实情况（Oxford 2016：11），也扩大了学术界对中国英语类专业学生心理韧性整体水平的了解。

本研究的第二问题旨在探讨心理韧性与二语动机性行为之间的关联。调查结果显示，心理韧性的三子组分与二语动机性行为之间存在着显著正相关关系。这一发现在某些方面与以前的研究结果相符。也就是说，学生在英语学习中拥有更高水平的心理韧性，将表现出更多的二语动机性行为，并且更多的积极情绪将反过来促进心理韧性的培养，进一步鼓励产生更多的二语动机性行为。这一发现为与心理韧性与积极情绪关系有关的拓展—建构理论以及动机与情绪关系的理论增加了新的实证支持。另一方面，本研究发现，移情与二语动机性行为之间的关联最为显著，而自我调节次之。这一结果与 Kim & Kim（2017）的研究结果存在较大差异，后者认为毅力与二语动机性行为之间的关联最为显著。因此，本研究为之前的研究提供了关于国内英语专业学生具备优良的移情能力和团队合作精神的实证支持（涂朝莲 2013）。同时，这一发现也表明，在国内文化语境下，学习者需要良好的学习情绪体验、和谐的师生和同学关系，不仅要与同伴产生认同感，还需要得到教师的认可。学习者的自我调节能力可以作为一种心理缓冲，以应对压力、焦虑或抑郁等危险因素，同时帮助个体应对挫折，提升保护性因素，降低危险因素，维持归属感，加强自尊心和自我效能感（Resnick 2018），从而促进更多的二语动机性行为的产生。这一结论佐证了 Martin（2002）模型中保护性因素和危险性因素共存的观点，并为其自我效能感理论提供了中国文化背景下的实证支持。此外，本研究还发现感知幸福与二语动机性行为之间存在较强的正相关关系。这表明，英语类专业的学习者在体验到更多感知幸福感，获得更多个人成就时，将培养出更积极的学习态度，进而有助于实现学习目标和个人发展（Ryff & Singer 2008），加强对理想二语自我愿景的认同感（王初明 2010）。此外，这也表明感知幸福与动机性行为通过学习态度存在关联，无论是内在的应该二语自我还是外在的理想二语自我，都会间接影响英语学习中的幸福感。这一结果验证了学习态度作为影响英语学习幸福感的动机因素的观点（Lo & Lin 2020）。综上所述，本研究从多个角度说明了外语学习中保护性因素与危险性因素的共存情况，这为解释 Martin（2002）模型中的自我效能感理论以及二语动机自我系统中自我形象差异对学习动机的触发提供了实证依据。此外，本研究还对心理韧性在不同情境下的表征和领域差异性进行了详细解释（Luthar *et al.* 1993），并且为积极情绪在心理韧性中的重要作用提供了情境适应性的支持（Connor & Davidson 2003）。尽管如此，心理韧性对二语动机性行为的影响机制仍有待进一步阐明。

第三个问题着眼于探究学习者的心理韧性对二语动机性行为的预测效果。结果显示，心理韧性中的移情、自我调节和感知幸福与二语动机性行为之间存在正向预测关系。这初步证实了 Kim & Kim（2017）的研究结论，即积极情绪可以提升心理韧性，增强应对学习逆境的能力，从而引发学生行为控制水平的变化。这一发现支持了拓展—建构理论中有关激发和拓展学习资源的观点。同时，基于二语动机自我系统和行为控制理论，拥有更多积极情绪的学生具备更强的心理韧性，进而增强他们的保护性因素，减少危险性因素，从而产生更多的二语动机性行为。这种情况下，动机系统和意志系统协调工作，有助于实现外语学习目标，缩小从现实情境到理想情境的自我形象差距。这一发现进一步证实了二语动机自我系统中自我在动机和行为中的核心地位，同时也为行为控制理论中行为导向机制的解释提供数据支撑。总之，本研究对二语动机性行为影响因素模型中心理韧性作用的理解进行了扩展和完善。加强参与二语动机性行为的动机有助于促进对已确定挑战的心理韧性，当学习者被激励去从事必要的二语动机性行为时，他们更有可能经历心理韧性的重新融入，并在经历了挑战事件后促使增加适应面对这些因素的心理韧性及二语动机性行为。在学习者遭遇学习挫折、困难、压力或负面情绪时，实施二语动机性行为的干预可以帮助个体度过这些具有挑战性的情境，并在逆境之后促进个人成长。

此外，本研究还揭示了积极心理个体差异因素（心理韧性）与二语动机性行为之间的路径，强调了积极情绪、心理韧性与二语动机性行为之间的紧密关系，为我国英语专业大学生培养和促进二语动机性行为提供了理论解释。同时，本研究在二语习得领域应用了拓展—建构理论和行为控制理论，并为这些理论的作用机制提供了实证数据的支持和补充。此外，本研究还证实了心理韧性中的移情相对于其他子组分在英语专业学生的二语动机性行为中具有更强的促进作用，这为未来的研究提供了进一步的验证和学术关注的方向。

6. 结语

本研究旨在考查英语专业大学生的心理韧性与二语动机性行为之间的关系，以及心理韧性对二语动机性行为的影响。研究结果表明，总体上，受试的心理韧性和二语动机性行为水平均处于较高水平。特别是心理韧性中的移情、自我调节、感知幸福与二语动机性行为之间存在显著正相关。此外，心理韧性中的移情、自我调节、感知幸福能够显著正向预测二语动机性行为。这些发现对外语教学与学习有着重要的启示。首先，研究揭示了积极情绪如何提升心理韧性，从而进一步影响二语动机性行为。未来的研究可以更加深入地探讨积极心理个体差异因素和心理韧性之间的关系，以及它们共同对二语动机性行为影响的作用机制。这一发现凸显了拓展—建构理论在解释积极情绪促进心理韧性建设方面的价值，同时也支持了二语自我动机系统与行为控制理论在引导二语动机性行为方面的作用。这为积极心理学、二语习得和教育心理学的跨学科融合研究提供了实证支持。其次，根据研究结果，教师应该重视培养和提升学生的积极情绪，同时加强二语学习目标中自我形象构建，协调动机系统和发挥意志系统的作用，以激发更多的二语动机性行为。另外，外语教师还应关注学生心理韧性对二语动机性行为的影响，帮助学生了解、有效应对、调节和克服学习中的危险因素。同时，为学生提供增强心理韧性的途径，培养和加强保护性因素，以及传授必要的个体差异知识、情绪知识和去动机知识，这将有助于提高学生的动机激发和去动机预防能力，从而更好地实现教学与学习目标。

本研究也存在一些不足。首先，在研究工具和数据收集方面存在一定的局限性，自我报告和问卷调查虽然能够快速获取量化数据，但可能无法全面掌握学生的纵向状况，因此未来研究可以考虑运用定性方法如访谈进行补充研究。其次，本研究仅采用横断面设计，且研究样本的情境特点以及性别比例可能影响研究结果的普适性。最后，本研究未对自变量之间的相互作用和影响因变量的机制进行深入探讨，这是需要进一步研究的。

参考文献

Boo, Z., Z. Dörnyei & S. Ryan. 2015. L2 motivation research 2005-2014: Understanding a publication surge and a changing landscape [J]. *System* 55: 145-157.

Cohen, J. 1988. *Statistical Power Analysis for the Behavioral Sciences* (2nd Ed.) [M]. Hillsdale: Lawrence Erlbaum Associates.

Connor, K. M. & J. R. T. Davidson. 2003. Development of a new resilience scale: The Connor-Davidson resilience scale (CD-RISC) [J]. *Depression and Anxiety* 18: 76-82.

Dörnyei, Z. 2005. *The Psychology of the Language Learner: Individual Differences in Second Language Acquisition* [M]. Mahwah: Lawrence Erlbaum Associates.

Dörnyei, Z. & P. Skehan. 2003. Individual differences in second language learning [A]. In C. J. Doughty & M. H. Long (eds.). *The Handbook of Second Language Acquisition* [C]. Oxford: Oxford Blackwell. 589-630.

Falout, J., J. Elwood & M. Hood. 2009. Demotivation: Affective states and learning outcomes [J]. *System* 37: 403-417.

Fredrickson, B. L. 2003. The value of positive emotions: The emerging science of positive psychology in coming to understand why it's good to feel good [J]. *American Scientist* 91: 330-335.

Gardner, R. C., R. N. Lalonde & R. Moorcroft. 1985. The role of attitudes and motivation in second language learning: Correlational and experimental considerations [J]. *Language Learning* 35: 207-227.

Grimm, L. G. 1993. *Statistical Applications for the Behavioral Sciences* [M]. New York: John Wiley & Sons.

Khany, R. & M. Amiri. 2018. Action control, L2 motivational self system, and motivated learning behavior in a foreign language learning context [J]. *European Journal of Psychology of Education* 33: 337-353.

Kim, T.-Y. & Y.-K. Kim. 2017. The impact of resilience on L2 learners' motivated behaviour and proficiency in L2 learning [J]. *Educational Studies* 43: 1-15.

Kim, T.-Y. & Y. Kim. 2021. Structural relationship between L2 learning motivation and resilience and their impact on motivated behavior and L2 proficiency [J]. *Journal of Psycholinguistic Research* 50: 417-436.

Kormos, J. & K. Csizér. 2008. Age-related differences in the motivation of learning English as a foreign language: Attitudes, selves, and motivated learning behavior [J]. *Language Learning* 58: 327-355.

Kuhl, J. 1984. Volitional aspects of achievement motivation and learned helplessness: Toward a comprehensive theory of action control [J]. *Progress in Experimental Personality Research* 13: 99-171.

Liu, H. & X. Han. 2022. Exploring senior high school students' English academic resilience in the Chinese context [J]. *Chinese Journal of Applied Linguistics* 45: 49-68.

Lo, C.-F., & C.-H. Lin. 2020. The impact of English learning motivation and attitude on well-being: Cram school students in Taiwan [J]. *Future Internet* 12: 131. doi: 10.3390/fi12080131.

Luthar, S. S., C. H. Doernberger & E. Zigler. 1993. Resilience is not a unidimensional construct: Insights from a prospective study of inner-city adolescents [J]. *Development and Psychopathology* 5: 703-717.

Luthar, S. S., D. Cicchetti & B. Becker. 2000. The construct of resilience: A critical evaluation and guidelines for future work [J]. *Child Development* 71: 543-562.

MacIntyre, P. D. 2002. Motivation, anxiety and emotion in second language acquisition [J]. *Individual Differences and Instructed Language Learning* 2: 45-68.

Martin, A. 2002. Motivation and Academic Resilience: Developing a Model for Student Enhancement [J]. *Australian Journal of Education* 46: 34-49.

Oxford, R. L. 2016. Toward a psychology of well-being for language learners: The 'EMPATHICS' vision [A]. In P. D. MacIntyre, T. Gregersen & S. Mercer (eds.). *Positive Psychology in SLA* [C]. Bristol: Multilingual Matters. 10-88.

Oxford, R. L. & J. A. Burry-Stock.1995. Assessing the use of language learning strategies worldwide with the ESL/EFL version of the Strategy Inventory for Language Learning (SILL) [J]. *System* 23: 1-23.

Papi, M. 2010. The L2 motivational self system, L2 anxiety, and motivated behavior: A structural equation modeling approach [J]. *System* 38: 467-479.

Papi, M., A. V. Bondarenko, S. Mansouri, L. Feng & C. Jiang. 2019. Rethinking L2 motivation research: The 2 × 2 model of L2 self-guides [J]. *Studies in Second Language Acquisition* 41: 337-361.

Resnick, B. 2018. The relationship between resilience and motivation [J]. *Resilience in Aging*: 221-244.

Ryff, C. D & B. H. Singer. 2008. Know thyself and become what you are: A eudaimonic approach to psychological well-being [J]. *Journal of Happiness Studies* 9: 13-39.

Shin, W., M. Kim & J. Kim. 2009. Developing measures of resilience for (South) Korean adolescents and testing cross, convergent, and discriminant validity [J]. *Studies on Korean Youth* 20: 105-131.

Tugade, M. M. & B. L. Fredrickson. 2004. Resilient individuals use positive emotions to bounce back from negative emotional experiences [J]. *Journal of Personality and Social Psychology* 86: 320-333.

Wagnild, G. M. & J. A. Collins. 2009. Assessing resilience [J]. *Journal of Psychosocial Nursing and Mental Health Services* 47: 28-33.

Wei, R., Y. Wang & X. Li. 2022. Examining resilience in EFL contexts: A survey study of university students in China [J]. *International Review of Applied Linguistics in Language Teaching* 61: 1773-1797.

Yun, S., P. Hiver & A. H. Al-Hoorie. 2018. Academic buoyancy: Exploring learners' everyday resilience in the language classroom [J]. *Studies in Second Language Acquisition* 40: 805-830.

Zhang, B. 2022. The relationship between Chinese EFL learners' resilience and academic motivation [J]. *Frontiers in Psychology* 13: 871554. doi: 10.3389/fpsyg.2022.871554.

李昆，2021，二语动机自我系统对动机调控策略及动机行为的影响研究 [J]，《北京第二外国语学院学报》（2）：87-100。

刘珍、姚孝军、胡素芬，2012，大学生二语自我、焦虑和动机学习行为的结构分析 [J]，《外语界》（6）：28-37，94。

马广惠，2005，学习动机和努力程度对外语学习成绩的影响 [J]，《解放军外国语学院学报》（4）：37-41。

涂朝莲，2013，情感因素特征状况及其对学习成绩的影响——基于英语专业大学生的实证研究 [J]，《西安外国语大学学报》（3）：62-65。

王初明，2010，互动协同与外语教学 [J]，《外语教学与研究》（4）：297-299。
王丽荣、秦红芳，2011，行动控制理论及其在教育中的应用 [J]，《外国教育研究》（1）：18-22。
吴一安、刘润清、P. Jeffrey，1993，中国英语本科学生素质调查报告 [J]，《外语教学与研究》（1）：36-46。
徐锦芬，2020，外语教育研究新趋势：积极心理学视角 [J]，《英语研究》（2）：155-164。
詹先君，2018，二语自我的学业韧性效应初探 [J]，《外语界》（4）：67-75。
张又红，2017，初中生心理韧性、英语学习投入与英语学业绩效的关系 [J]，《教育导刊》（4）：36-40。

通信地址： 438000 湖北省黄冈市新港二路146号
作者简介： 刘松涛，黄冈师范学院外国语学院讲师，硕士，研究方向为二语习得、商务英语。
Email：liusongtao@hgnu.edu.cn
黄婷婷，黄冈师范学院外国语学院讲师，博士研究生，研究方向为二语习得、商务英语。
Email：275791615@qq.com

（文字编辑：霍炜）

二语交际意愿对英语专业本科生赞美产出和语用意识的影响

华南师范大学 潘楚欣 徐学平

提要： 作为衡量二语习得成效的关键指标，交际意愿一直是研究热点，在二语语用习得中更是发挥重要作用。但目前研究者们很少探讨二语交际意愿与语用产出和语用意识的关系，且较少关注中国英语学习者。因此本研究以中国某大学英语专业学生为受试，聚焦赞美言语行为，通过二语交际意愿问卷、书面话语填充任务、赞美得体性判断任务和回溯性访谈收集数据，探讨二语交际意愿对赞美产出和语用意识的影响。结果与前人研究略有不同，有着不同程度二语交际意愿的受试在赞美产出和语用意识方面不存在显著差异；二语交际意愿与赞美产出不相关，但与语用意识呈现弱负相关。本研究有望为当下国内大学英语语用教学、二语语用研究、教材编写提供新的视角，从而有效提升英语专业学生跨文化交际能力和语用意识。

关键词： 二语交际意愿；赞美；语用产出；语用意识
DOI:10.20054/j.cnki.sllr.2023.17.005

1. 引言

《中国英语能力等级量表》（教育部考试中心 2018）对语用能力等级做了详细描述，强调培养中国英语学习者语用能力的必要性。语用能力是交际能力的重要组成部分（Cunningham 2017），而培养学生的外语交际能力已成为当下外语教学大纲和教材的最终目标（束定芳 2004）。《大学英语教学指南（2020 版）》（教育部高等学校大学外语教学指导委员会 2020）也强调在大学英语教学中提升学生英语实际运用能力、增强跨文化素养和跨文化交际能力的重要性。二语习得理论如互动理论（Long 1996）、输出理论（Swain & Lapkin

1995）都关注语言习得过程中交流互动和语言产出的重要意义。因此，二语交际意愿（L2 willingness to communicate）与交际能力紧密相连，在二语习得过程中发挥重要作用。而语用能力作为交际能力的子能力，可见二语交际意愿是二语语用能力发展的重要因素。然而国内英语学习普遍缺乏英语交际情景，不少英语专业学生在外语课堂沉默寡言，缺乏交际意愿，较少参与互动（胡越竹 2016）。现有研究显示国内部分英语教师与学生有"语法情结"（王初明 2011），语用教学缺乏关注（冉永平 2006），国内外语学习者语用意识发展相对滞后（何周春、龚彦知 2013）。我国英语专业学生即使进行了系统全面英语习得，但跨文化交际表现如言语行为层面常出现语用失误现象（孙亚、戴凌 2002）。为了响应新时代国家培养复合型跨国人才需求，关注英语专业学生心理层面的二语交际与语用能力显得极其重要。

言语行为一直是语用产出研究的热点话题，而关于影响语用产出的研究，除了目前常被考察的二语水平和国外学习时长等，应对学习者的个体差异，如认知能力、情感层面、性格特征及主观语用选择等展开多维度、全视角的系统研究（陈新仁等 2023）。同时，从元语用视角对言语行为进行阐释，不仅能更深入了解交际中语言的本质和意义，还能从元层面哲学高度解释语用现象，有利于全面理解交际者的话语意图。元语用包含语用意识，即交际者能通过语言选择即时讨论、监控、评价自身语言的使用，反映作为交际者对语言使用本身的自反意识（陈新仁 2020）。

2. 文献综述

2.1　二语交际意愿与语用能力

McCroskey & Baer（1985）认为交际意愿是当有机会的时候开启一场交际的意向，母语交际意愿是具有以性格为基础的特质性倾向（施渝、樊葳葳 2022），强调交际意愿能解释言语行为在人际互动中的差异。MacIntyre & Charos（1996）等学者将该概念延伸到二语习得领域，提出二语交际意愿是指在特定时间和与特定的人使用第二语言进行交际的愿望。

为了深入挖掘二语交际意愿的影响因素，MacIntyre *et al.*（1998）构建了金字塔状的多层概念模型，该模型从情感心理、语言、情境视角进行归类总结，为后续研究提供系统分析框架。从心理层面来看，学习者特质因素对二语交际意愿影响更为深远，如性格特征（Freiermuth & Ito 2020）、二语焦虑（Wei & Xu 2022）、动机（Lee & Lee 2020）。韦晓保等（2022）采用结构方程模型探究语言思维模式对二语交际意愿的影响，发现学习情绪和自我效能感在语言思维模式与交际意愿之间发挥中介作用。就情境视角而言，大量研究论证情境因素会影响学习者二语交际意愿，如交际任务（Pawlak & Mystkowska-Wiertelak 2015）、教师支持与师生互动（Song *et al.* 2022）、课堂环境（Wang *et al.* 2021）等。Kang（2005：291）结合交际情境，提出情境二语交际意愿概念，即“在一个特定情境中个体积极进行交际行为的意志倾向，且会在其他潜在情境变量中随交流者、对话主题及对话情境而变化”。不少研究挖掘影响二语交际意愿的情境因素，如与交际对象的熟悉度、与交际对象的合作度（Cao & Philp 2006）。Yashima *et al.*（2016）发现学习者特质性交际意愿与情境因素（如主题）产生交互作用，促使受试在特定时刻产生与特定交际对象的交际意愿。这些研究表明二语交际意愿与交际情境因素紧密关联，可见交际意愿的探讨离不开特定情境。

在二语交际意愿模型中，社会情景涵盖谈话者、背景、目的、话题及交际渠道。而交际者间的熟悉度、社会地位和强加性是语用研究的三大情境变量，语用学研究也必须在一定语境下展开探讨，同时语用能力是一种运用语言、符号及多模态资源实现有效得体交际目标的能力（Ren 2022）。因此，二语交际意愿研究与语用学紧密相联。

然而，目前关于二语交际意愿与语用能力潜在联系的研究还较少（Yang & Lian 2023），如 Mehrpak *et al.*（2016）研究发现以英语为外语（English as foreign language，EFL）的伊朗学习者二语交际意愿能有效促进言语行为的语用理解；Inagaki（2019）以问卷和语用会话理解测试探讨以英语为二语的日本学习者情感因素、动机与语用理解的关系；Zangoei & Derakhshan（2021）探讨语言水平、自我调整能力和交际意愿对 EFL 学习者语用听力理解的影响，结果表明二语交际意愿是语用听力理解的强预测因子，且对语用理解有显著影响。语用能力研究可分为语用理解和语用产出，但目前二语交际意愿与语用研究中较多关注语用理解，以交际意愿动态属性探讨学习者语用产出和语用意识的表现研究极少，且大部分二语交际意愿研究在二语习得背景下展开，在 EFL 情景下开展的研究还较少；二语交际意愿是否会影响学习者语用产出和语用意识还有待探究。此外，以往二语交际意愿与语用研究大多采用量化研究，未来研究还可融入质性语料深化。

2.2　二语语用习得与言语行为

培养学习者二语语用能力是语用习得的主要目标，主要体现在获得语用知识、促进语用产出和培养语用意识。语用产出研究主要关注言语行为、会话含义、话轮管理等，其中言语行为一直是热点话题，其实施能力更是衡量二语语用能力的主要标准。然而，现有研究较多关注请求、道歉和拒绝等言语行为，其他如赞美、建议等言语行为的研究仍待丰富。洪岗（2007）明确指出，外语教师在教学过程中应特别注重教授汉英两种语言在言语行为实施和理解上的差异。黄洁（2009）在言语行为能力发展和教学途径的讨论中强调言语行为教学的必要性，并对如何实施言语行为教学提出有效建议。然而，我国不少英语学习者在日常二语交际中也常出现语用失误现象，影响正常二语交际。同时，国内传统英语课堂还缺乏系统、全面的语用知识输入，学习者语用意识普遍较弱。语用意识的研究主要探讨学习者语用得体性识别及对语用现象的反思性（Ren 2022）。语用意识不仅是学习者语用知识的综合体现，更是学习者对语用习得的自我调整与监控（何周春、龚彦知 2020）。Ellis（1994）认为成功的二语学习者能对自己学习过程有清晰的意识，能有意识地使用元语言策略调控学习进程。学习者语用意识程度的高低决定其语用能力的高低（Bardovi-Harlig & Dörnyei 1998）。因此，语用意识不但影响学习者语意产出、语意协商等语用理解与语用实践（Verschueren 2000），还会影响学习者语言水平和跨文化交际能力。但国内关于语用意识培养研究大多从理论和教学方法角度展开，结合 EFL 教材探讨语用意识培养路径的研究并不多。因此进一步探究当下国内二语学习者语用产出和语用意识，为二语语用教学提供启示仍具有重大现实意义。

赞美，因其体现言语群体礼貌行为的规范和价值，被认为是最具文化特色的言语行为之一。Holmes（1986：485）将赞美定义为“显性或隐性地把称赞归于说话者以外的人，通常是说话者和听话者给予某人在某方面具备优点的言语行为”。赞美话题包括外貌或衣着、能力或表现、所属物和个性特征等，而赞美主题类别及其特定属性随着文化差异表现出不同的接受度。如所属物的赞美在美式英语文化中涵盖孩子和配偶，但在新西兰英语文化中这样的赞美却被视为不得体，因为新西兰人认为赞美男性的妻子意味着男性将妻子视为附属品。Ye（1993）认为赞美可能在亲密关系中产生距离，以萨摩亚人和中国人（Yu 2005）为例，赞美被理解成嫉妒或欲望，听话者可能判断赞美会间接威胁面子。赞美具有操纵性，置听话者于“双重困境”（Kerbrat-Orecchioni 2011：142），听话者不仅需要回应说话者的赞美，又要注意避免自夸以遵守谦虚一致原则。可见，赞美是极其复杂但在人际互动中发挥润滑剂作用的言语行为，也能反映特定文化下社会与行为准则。赞美的研究视角非常广泛，如赞美产出得体性（Maíz-Arévalo 2012）、跨文化语言的赞美对比研究（Loranc & Brett 2022）、地域差异（Culpeper & Pat 2021）、赞美习得教学与信息技术手段融合（Zhang 2021）、赞美产出表现与学习者个体差异（Lin 2021）等。而在赞美产出表现与个体差异研究里，性别（魏冉 2013）、动机（Takahashi 2015）等研究较为频繁，但从学习者心理情感视角（如交际意愿）探讨语用产出研究极少。此外，赞美语料的编码还不够完善，以往研究普遍从赞美策略或具体语言实现方式（Yu 2011）进行分析，对语料进行编码的支撑手段分析并没有像Blum-Kulka & Olshtain（1984）那样提供解释类、强调类等具体分类，评分框架缺乏系统性。

鉴于此，本研究结合交际情景的语境因素，以赞美为载体，探讨二语交际意愿与语用产出和语用意识的关系，同时进一步丰富赞美语料编码系统及运用数据驱动语料的评分量表。

3. 理论基础

3.1 注意假说

Schmidt（1993）提出了注意假说，认为学习者知识输入到内化的实现需要有意识关注到输入知识的特定特征，如语言形式、功能意义与关联的情境特征。注意假说关注输入选择的初始阶段和选择所需要的注意条件，初始阶段对于后续阶段中语言输入的吸收和内化至关重要。Richards & Schmidt（2013）将意识分为注意和理解。在赞美研究中，注意可表现为学习者对赞美语用得体的敏感性或判断，即能够认出和识别得体赞美的特征却无法表达其规则。注意除了关注形式，功能意义和相关语境特征都是语用输入的必要前提。理解是学习者能够辨认出赞美语用特征且在大脑中建构显性规则，表现为关注语用能力的发展，如提升实施赞美的得体意识。注意的本质是控制着意识和觉性，是二语习得的必要条件，理解能促进二语发展。

3.2 跨文化交际能力

Hymes（1974）最初提出交际能力的概念，认为交际过程不仅涉及语言成分，如语法、词汇、发音或拼写等，还与文化价值、角色身份、习俗与礼仪、沟通渠道、地理、生态以及该社区的历史等因素有很大关联。交际能力不仅包括规则知识（语法能力），还包括在各种语境下语言使用的能力（语用能力），是人们以有意义方式进行听说读写及与他人进行互动的语言能力。为了实现有效成功的交流，说话者需具备一定的语言知识、非语言线索、关于谈话主题的背景知识及听话者的社会信息等。交际能力的理念得到了外语界广泛关注。Bachman（1990：84）从语言测试角度开发交际语言能力理论框架，即“相应知识与能力实施适当情景下交际语言使用的能力”，涵盖关于语言、世界、话语情景的知识之间的互动及策略能力。Byram（2008）提出，当下外语教学的重点是培养外语学习者跨文化交际能力，即个体在跨文化情境中运用跨文化知识、技能和态度进行有效沟通的能力。

4. 研究设计

4.1 研究问题

1）二语交际意愿如何影响英语专业本科生的赞美语用产出？

2）二语交际意愿如何影响英语专业本科生的赞美语用意识？

4.2 受试

受试来自中国南方某大学外国语学院大三某自然班的学生，共 32 人（男生 18 名，女生 14 名），平均年龄为 21.13，年龄标准差为 1.19。所有受试均通过英语专业四级考试，平均学习英语时长为 12 年，均未去过英语母语国家。

4.3 数据收集与分析

本研究通过线上发放二语交际意愿问卷、书面话语填充任务（Written Discourse Completion Task）、赞美得体性判断任务和开展回溯性访谈收集数据。其中，二语交际意愿问卷用于衡量和划分受试二语交际意愿程度，书面话语填充任务用于收集受试的赞美语用产出，赞美得体性判断任务用于测量受试的赞美语用意识，回溯性访谈旨在探讨赞美语用产出和语用意识差异的原因。本研究采用 SPSS 26.0 对受试书面话语填充任务和赞美得体性判断任务得分进行描述性统计分析和单因素方差分析，对赞美语用产出和访谈采用质性分析。问卷发放 36 份，回收 36 份。其中 2 名受试书面话语填充任务和赞美得体性判断任务均出现统一选项和单一表达，另外 2 名受试未完成二语交际意愿问卷，这 4 名受试的所有数据均视为无效，因此有效问卷各 32 份。

4.3.1 二语交际意愿问卷

二语交际意愿问卷（Cronbach's α =0.91）参考了 MacIntyre *et al.*（1999），包含 12 个关于个人与陌生人、朋友和熟人的日常交际情景。受试需选择他们在各种情景下选择用英语交流时间百分比（0%~100%），分数幅度在 0~1200。

4.3.2 书面话语填充任务

书面话语填充任务严格遵循 Liu（2007）的设计步骤，自行编制赞美情景任务。编制过程包括情景选样、情景可能性调查、元语用测评和试测，试卷信度和效度较高。类型是提供赞美情景对话的回答语句，要求受试补充对话的第一句。各主题下各有 12 个情景，共 48 个情景。部分情景参考赞美研究涉及的书面话语填充任务，同时结合当下大学生背景编制贴合他们日常生活的赞美情景。依据言语行为情境变量的理想分布（见表 1），情景设计遵循情境变量组合符合表 1 分布和情景内容相似度低两个原则。本研究参考 Ebadi & Pourzandi

（2015）的赞美编码分类，总结了适用赞美语料的编码系统（见附录一），分别从宏观和微观层面分析。宏观层面关注语言使用（赞美策略），而微观方面关注语言实现手段（赞美程式语、支撑性表述和闲聊）。赞美语用产出评分量表（见附录二）参考 Chen & Liu（2016）的基于数据驱动的言语行为评分量表，评估维度与赞美语料编码维度一致，分别从形式（对应微观层面）和内容（对应宏观层面）进行评估，采用五级评定制，总分为 20，各维度总分为 10。

表 1.　情境变量分布表

情景	赞美	1	2	3	4	5	6	7	8	9	10	11	12
情境变量	社会地位	+	+	+	+	=	=	=	=	-	-	-	-
	熟悉度	+	-	+	-	+	-	+	-	+	-	+	-
	必要性	+	-	-	+	+	-	-	+	+	-	-	+

注：社会地位：“+”表示情景中“我”的地位较高，“-”表示“我”的地位较低，“=”表示说话双方地位相等；

熟悉度：“+”表示说话双方对彼此熟悉，“-”表述不熟悉；

必要性表示说话者认为向听话者发出赞美言语行为的必要程度：“+”表示赞美的必要程度高，认为向对方做出赞美极其有必要；“-”表示赞美的必要程度低，认为向对方做出赞美有必要。

4.3.3　赞美得体性判断任务

试卷的赞美话题和情景描述与书面话语填充任务一致，由指令语、情景描述和赞美话语组成，信度较高（Cronbach’s α=0.87）。每个情景以划线部分呈现赞美表述，受试需根据具体情景对赞美得体性进行判断。关于不得体赞美表述来源，部分选自书面话语填充任务试测中不得体的赞美语料，部分是自编；其中不得体表述为 16 条，得体表述为 32 条。每题正确得分 2 分，总分 96。

4.3.4　回溯性访谈

回溯性访谈随机抽取 12 名受试进行。访谈部分题目改编自 Zhang（2021），部分为自编，一共 10 个开放性问题。访谈全程中文交流，期间向访谈对象提供此前完成卷子以供回顾，总时长 15~20 分钟。访谈过程全程录音，采用 Nvivo 软件进行主题编码。

4.4　研究实施步骤

实验开始前向受试发放知情同意书和背景信息调查问卷，简要说明研究目的。随后每隔两天依次发放二语交际意愿问卷、书面话语填充任务和赞美得体性判断任务，最后一天随机抽取受试进行回溯性访谈。

5. 研究结果

5.1 二语交际意愿的总体情况

对受试二语交际意愿得分进行描述性统计分析，发现所有受试二语交际意愿问卷中 12 个条目平均值为 601.69，平均每个条目均值为 50.14。随后以高、低总分各占 27% 的原则将受试的二语交际意愿得分划分为高、中、低三个程度，即受试得分高于 741 为高程度二语交际意愿（N=9）；得分低于 440 则为低程度的二语交际意愿（N=9）；而得分在 440 和 741 之间的受试则表现为中等程度的二语交际意愿。

5.2 不同程度二语交际意愿受试赞美语用产出和语用意识的情况

单因素方差分析结果显示，高、中、低程度二语交际意愿的受试在赞美语用产出和语用意识的表现上均无显著差异（见表 2），这表明二语交际意愿不会影响受试赞美语用产出和赞美语用意识。同时，为了深入解释二语交际意愿与赞美语用产出和语用意识的关系，本研究对变量进行皮尔逊相关分析，发现二语交际意愿与赞美语用产出表现不存在直接相关性（r=0.073，p=0.693）；二语交际意愿与语用意识则呈现弱负相关（r=–0.241，p=0.185），即拥有较高二语交际意愿的受试，他们的语用意识反而较薄弱，面对语用不得体判断的容忍度较高。此外，对 12 名受试回溯性访谈进行语料转写，采取主题进行编码，以揭示影响受试完成产出任务和得体性判断任务的潜在原因，发现大体上可分为三方面：二语语用知识、跨文化因素和语用迁移。

表 2. 不同程度二语交际意愿受试赞美语用产出和赞美语用意识的方差分析结果

	自由度	均方	F	p
赞美语用产出	2	176.336	1.837	0.177
赞美语用意识	2	6.407	0.932	0.405

6. 讨论

研究发现，大部分受试的交际意愿处于中等程度，这与前人的研究存在差异。换言之，本研究在一定程度上打破了我国英语专业学习者交际意愿较低的刻板印象（Liu & Jackson 2008），表明当下英语专业学生比以往表现出较强自主性，更主动进行英语交际。

首先，二语交际意愿近年来逐渐成为二语习得领域的热点议题（余淼 2018）。有研究发现，具有较高交际意愿的受试在二语习得中会有更优异的表现和学习成效，如口语能力（Tousi & Khalaji 2014）、写作表现（Behshad *et al.* 2018）。相比二语交际意愿程度较低的学习者，受试拥有越强的二语交际意愿，其二语语言能力也越强，对交际语境也更具意识与敏感，因而对语用交际策略的把控、自我反思和调整能力也越强（Taguchi 2008）。作为个体差异的变量，交际能力的构念包括学习者如何利用语用知识进行交际（Mao 2021）。Mohammad & Bagheri（2017）探讨交际意愿、学习自主性、焦虑与拒绝语用产出的关系，发现语用产出与交际意愿呈正相关，强调交际意愿对学习者语用能力发展发挥重要作用。Yang & Lian（2023）通过建模探讨 EFL 学习者的理想二语自我、自我效能感和交际意愿与语用产出之间的关系，发现交际意愿是语用产出强预测因子，且与语用产出有显著差异。二语交际意愿能正向影响学习者语用产出，拥有较高程度二语交际意愿的受试会更倾向冒险，会更主动参与交际互动，因而也更有意识识别有效互动中的语用知识。然而本研究的结果是，受试赞美语用产出和赞美语用意识不受二语交际意愿影响，这与前人研究发现相反。Peng & Woodrow（2010）研究发现情景导向能增强学习者读后续写的交际意愿，情景导向通过再现前文语境情节加强续写与读前情节联系，帮助学习者借助前文的语言，克服表达能力欠缺所产生的畏难情绪，最终提升交际意愿。本研究的赞美情景虽贴近受试实际生活，情景导向的设置也能再现语篇语境细节，然而，二语交际意愿并不会影响赞美语用产出和语用意识。

其次，深入分析受试赞美语用产出和回溯性访谈语料，发现不同二语交际意愿程度的受试在赞美语用产出语言实现手段和赞美策略方面都无明显差异。究其原因，一方面可能是赞美行为本身较复杂，而大部分受试的赞美语用产出主要使用显性策略，语言实现层面表现出句式结构固定化，缺乏赞美相关词汇和支撑性表述等；另一方面是受试二语习得通常受限于课堂情境，缺乏系统语用知识的学习和跨文化背景下关于赞美的社会行为规则。此外，不少受试的赞美语用产出存在母语语用迁移现象。当二语学习者语用表现受限于二语语用知识时，他们会无意识地把一语高频使用的语用知识和母语文化交际策略迁移至二语语用。分析语料发现，受试的产出具有策略迁移和自动翻译的交际迁移特征（Ellis 1994），可见，受试习惯性地依赖母语来实现特定语境下的赞美产出，缺乏对二语不可迁移特性的认识，因此整体而言受试赞美语用产出无明显差异。许多受试表现出强烈的二语交际意愿，愿意与他人展开二语互动以维护人际关系，同时他们也意识到实现多样且恰如其分的赞美关键在于具备丰富的语用知识，认识到日常学习中理解不同语境下语言的使用和功能的重要性。

最后，就二语交际意愿与赞美语用意识呈负相关而言，该结果与前人发现略有不同。Lv *et al.*（2021）探讨以汉语为二语的学习者交际意愿和自我感知交际能力对语用会话理解与语用意识的影响，发现二语交际意愿与语用理解和语用意识均不存在相关性。这暗含二语语言能力与语用能力的另一种可能性，即语言能力发展到一定阶段反而对语用能力产生制约，导致语言能力较强的学生在真实语用交际中过于考虑其语言的语法准确性而忽略了语用适切性。李燕、姜占好（2014）对英语专业学生语用能力进行调查后发现，在言语使用的贴切程度上，低年级学生每一题的错误率都低于高年级学生，且两者差异极其显著。高年级学生对语用得体性的判断、礼貌程度的选择等不如低年级学生准确，在习得后出现反复倒退现象。究其原因，一方面，当下外语教学过于注重以语法为中心的语言能力培养，缺乏对学生语言恰当性指导和真实交际语境输入；另一方面，学生所获得真实语用输入语料大多来自互联网，表现出明显口语化倾向，尽管学习者具有一定程度的二语交际意愿，他们也会受到母语影响，将"礼仪之邦"思维方式迁移至二语，进而出现对礼貌得体程度把握的偏离。此前有研究发现，二语语用意识程度会随着语言水平提高而降低，学习者在目标语社区待的时间越长，面对语用适切性的容忍度可能越高（Ren 2022）。本研究受试虽无国外留学经历，但二语交际意愿程度较高的受试可能日常学习交际中涉猎较多二语知识和社会文化准则，在头脑中已内化一定语用规则，因此判断语用不得体时或有较高容忍度。可见交际意愿对语用能力的不同层面发挥不同作用。

7. 结论与启示

通过探讨二语交际意愿对英语专业本科生赞美语用产出和语用意识的影响，研究发现受试虽持不同程度二语交际意愿，但赞美语用产出和语用意识无显著差异。当下英语专业学生语用能力还需提升，语用意识仍较薄弱，交际意愿有待增强。本研究进一步揭示了二语学习者差异，丰富了二语语用习得的研究视角。从元语用视角阐释言语行为现象，帮助英语学习者更好了解个体差异，有效促进二语交际意愿发展，提升跨文化交际能力。本研究也构建了全面系统的赞美编码分析框架和基于数据驱动的赞美评分量表，为二语语用研究提供了实践经验和参考价值。

同时，本研究对语用教学具有一定启示。首先，教师在日常语用教学中可尝试由语用知识明示教学、接受技能意识培养、产出技能培养和反思构成的语用意识培养教学模式（胡美馨 2007）或翻转课堂教学模式（钟小立 2015），创造轻松课堂氛围，提升学习者课堂愉悦感，从而提升学习者的二语交际意愿。教师还可通过整合教学资源，运用交际教学法、显隐结合教学模式、针对性提问方式、语用反思等将元语用教学融入任务型教学，以及关注任务、学习者因素和学习环境等来提供持续语用反馈，鼓励学习者根据所学知识做出语用选择，提升二语语用互动能力。其次，教授言语行为表达方式时不仅要罗列全面，而且要按正式程度归类。提供交际实例时，可深入介绍相关参与者及相互关系、交际场景、交际目的等语境因素，结合跨语言和形式比较任务将学生的注意力吸引到社会文化方面，关注特定语用特征，逐步引导学生理解语言形式如何与各自功能和语境相联系，理解语用现象背后文化意义，从而激发学习者交际意愿，培养语用意识。最后，教师也要注重自身语用意识的提升，充分挖掘教材语用信息，帮助学生语用意识的培养与语用知识的积累；教材编写者在言语行为知识介绍基础上，应提供体现相关言语行为适切性的真实会话语料，并设计真实任务。

此外，本研究也存在一定局限性。受试主要关注英语专业本科生，研究结论难以推广到整个外语学习者群体。数据收集重点关注书面产出，未来研究可融入多模态会话语料。研究测试工具也只是静态评估学习者语用知识，并不能完全体现学习者对知识的实际运用，未来研究可超越语用能力的静态考察，关注学习者在真实交际情境中使用二语的互动交际能力。

参考文献

Bachman, L. F. 1990. *Fundamental Considerations in Language Testing* [M]. Oxford: Oxford University Press.

Bardovi-Harlig, K. & Z. Dörnyei. 1998. Do language learners recognize pragmatic violations? Pragmatic versus grammatical awareness in instructed L2 learning [J]. *TESOL Quarterly* 32: 233-259.

Behshad, A., S. M. R. Amirian., M. Davoudi & S. Ghaniabadi. 2018. The differing role of L2 WTC in Iranian EFL learners' performance on a computerized dynamic test of writing [J]. *Iranian Journal of English for Academic Purposes* 7: 17-34.

Blum-Kulka, S. & E. Olshtain. 1984. Requests and apologies: A cross-cultural study of speech act realization patterns (CCSARP) [J]. *Applied Linguistics* 5: 196-213.

Byram, M. 2008. *From Foreign Language Education to Education for Intercultural Citizenship: Essays and Reflections* [M]. Clevedon: Multilingual Matters.

Cao, Y. & J. Philp. 2006. Interactional context and willingness to communicate: A comparison of behavior in whole class, group and dyadic interaction [J]. *System* 34: 480-493.

Chen, Y.-S. & J. Liu. 2016. Constructing a scale to assess L2 written speech act performance: WDCT and E-mail tasks [J]. *Language Assessment Quarterly* 13: 231-250.

Culpeper, J. & K. Pat. 2021. Compliment responses in Hong Kong: An application of Leech's pragmatics of politeness [J]. *Text & Talk* 41: 667-690.

Cunningham, D. J. 2017. Second language pragmatic appropriateness in telecollaboration: The influence of discourse management and grammaticality [J]. *System* 64: 46-57.

Ebadi, S. & M. Pourzandi. 2015. The effects of explicit and implicit pragmatic instruction on the development of compliments and compliment responses [J]. *i-manager's Journal on English Language Teaching* 5: 13-26.

Ellis, R. 1994. *The Study of Second Language Acquisition* [M]. Oxford: Oxford University Press.

Freiermuth, M. R. & M. F. Ito. 2020. Seeking the source: The effect of personality and previous experiences on university students' L2 willingness to communicate [J]. *Learning and Motivation* 71: 101640. doi: 10.1016/j.lmot.2020.101640.

Holmes, J. 1986. Compliments and compliment responses in New Zealand English [J]. *Anthropological Linguistics* 28: 485-506.

Hymes, D. (ed.). 1974. *Foundations in Sociolinguistics: An Ethnographic Approach* [C]. London: Routledge.

Inagaki, A. 2019. Pragmatic development, the L2 motivational self-system, and other affective factors in a study-abroad context: The case of Japanese learners of English [J]. *East Asian Pragmatics* 4: 145-168.

Kang, S-J. 2005. Dynamic emergence of situational willingness to communicate in a second language [J]. *System* 33: 277-292.

Kerbrat-Orecchioni, C. 2011. From good manners to facework: Politeness variations and constants in France, from the classic age to today [J]. *Journal of Historical Pragmatics* 12: 133-155.

Lee, J. S. & K. Lee. 2020. Role of L2 motivational self-system on willingness to communicate of (South) Korean EFL university and secondary students [J]. *Journal of Psycholinguistic Research* 49: 147-161.

Lin, Y. 2021. Pragmatic transfer in the speech act of compliment among Chinese EFL learners [J]. *Journal of Contemporary Educational Research* 5: 60-65.

Liu, J. 2007. Developing a pragmatics test for Chinese EFL learners [J]. *Language Testing* 24: 391-415.

Liu, M. & J. Jackson. 2008. An exploration of Chinese EFL learners' unwillingness to communicate and foreign language anxiety [J]. *The Modern Language Journal* 92: 71-86.

Long, M. 1996. The role of the linguistic environment in second language acquisition [A]. In T. K. Bhatia & W. C. Ritchie (eds.). *Handbook of Second Language Acquisition* [C]. New York: Academic Press. 413-468.

Loranc, B. & D. F. Brett. 2022. Compliment patterns in English: L1 and L2 production in the virtual exchange environment [J]. *Lingua* 272: 103330. doi: 10.1016/j.lingua.2022.103330.

Lv, X., W. Ren & L. Li. 2021. Pragmatic competence and willingness to communicate among L2 learners of Chinese [J]. *Frontiers in Psychology* 12: 797419. doi: 10.3389/fpsyg.2021.797419.

MacIntyre, P. D. & C. Charos. 1996. Personality, attitudes, and affect as predictors of second language communication [J]. *Journal of Language and Social Psychology* 15: 3-26.

MacIntyre, P. D., P. A. Babin & R. Clement. 1999. Willingness to communicate: Antecedents & consequences [J]. *Communication Quarterly* 47: 215-229.

MacIntyre, P. D., R. Clément., Z. Dörnyei & K. A. Noels. 1998. Conceptualizing willingness to communicate in a L2: A situational model of L2 confidence and affiliation [J]. *The Modern Language Journal* 82: 545-562.

Maíz-Arévalo, C. 2012. "Was that a compliment?" Implicit compliments in English and Spanish [J]. *Journal of Pragmatics* 44: 980-996.

Mao, T. 2021. Investigation of L2/Ln pragmatic competence: Its core and route map [J]. *Frontiers in Psychology* 12: 690550. doi: 10.3389/fpsyg.2021.690550.

McCroskey, J. C. & J. E. Baer. 1985. Willingness to communicate: The construct and its measurement [R]. Annual Meeting of the Speech Communication Association, Denver.

Mehrpak, L., A. G. Mehrdad & L. Karimi. 2016. The effect of teaching speech acts on Iranian EFL learners' willingness to communicate (WTC) [J]. *Modern Journal of Language Teaching Methods* 6: 495-504.

Mohammad Hosseinpur, R. & R. Bagheri Nevisi. 2017. Willingness to communicate, learner subjectivity, anxiety, and EFL learners' pragmatic competence [J]. *Applied Research on English Language* 6: 319-338.

Pawlak, M. & A. Mystkowska-Wiertelak. 2015. Investigating the dynamic nature of L2 willingness to communicate [J]. *System* 50: 1-9.

Peng, J.-E. & L. Woodrow. 2010. Willingness to communicate in English: A model in the Chinese EFL classroom context [J]. *Language Learning* 60: 834-876.

Ren, W. 2022. *Second Language Pragmatics* [M]. Cambridge: Cambridge University Press.

Richards, J. C. & R. W. Schmidt. 2013. *Longman Dictionary of Language Teaching and Applied Linguistics* [Z]. London: Longman.

Schmidt, R. 1993. Consciousness, learning and interlanguage pragmatics [A]. In G. Kasper & S. Blum-Kulka (eds.). *Interlanguage Pragmatics* [C]. Oxford: Oxford University Press. 21-42.

Song, L., R. Luo & Q. Zhan. 2022. Toward the role of teacher caring and teacher-student rapport in predicting English as a foreign language learners' willingness to communicate in second language [J]. *Frontiers in Psychology* 13: 874522. doi: 10.3389/fpsyg.2022.874522.

Swain, M. & S. Lapkin. 1995. Problems in output and the cognitive processes they generate: A step towards second language learning [J]. *Applied Linguistics* 16: 371-391.

Taguchi, N. 2008. Cognition, language contact, and the development of pragmatic comprehension in a study-abroad context [J]. *Language Learning* 58: 33-71.

Takahashi, S. 2015. The effects of learner profiles on pragmalinguistic awareness and learning [J]. *System* 48: 48-61.

Tousi, M. & H. Khalaji. 2014. The impact of willingness to communicate on Iranian EFL learners speaking ability [J]. *International Research Journal of Applied and Basic Sciences* 8: 1866-1869.

Verschueren, J. 2000. Notes on the role of metapragmatic awareness in language use [J]. *Pragmatics* 10: 439-456.

Wang, H., A. Peng & M. M. Patterson. 2021. The roles of class social climate, language mindset, and emotions in predicting willingness to communicate in a foreign language [J]. *System* 99: 102529. doi: 10.1016/j.system.2021.102529.

Wei, X. & Q. Xu. 2022. Predictors of willingness to communicate in a second language (L2 WTC): Toward an integrated L2 WTC model from the socio-psychological perspective [J]. *Foreign Language Annals* 55: 258-282.

Yang, H. & Z. Lian. 2023. Ideal L2 self, self-efficacy, and pragmatic production: The mediating role of willingness to communicate in learning English as a foreign language [J]. *Behavioral Sciences* 13: 597. doi: 10.3390/bs13070597.

Yashima, T., P. D. MacIntyre & M. Ikeda. 2016. Situated willingness to communicate in an L2: Interplay of individual characteristics and context [J]. *Language Teaching Research* 22: 115-137.

Ye, L. 1993. Complimenting in mandarin Chinese [D]. Ph. D. dissertation. Honolulu: University of Hawai'i at Mānoa.

Yu, M.-C. 2005. Sociolinguistic competence in the complimenting act of native Chinese and American English speakers: A mirror of cultural value [J]. *Language and Speech* 48: 91-119.

Yu, M.-C. 2011. Learning how to read situations and know what is the right thing to say or do in an L2: A study of socio-cultural competence and language transfer [J]. *Journal of Pragmatics* 43: 1127-1147.

Zangoei, A. & A. Derakhshan. 2021. Measuring the predictability of Iranian EFL students' pragmatic listening comprehension with language proficiency, self-regulated learning in listening, and willingness to communicate [J]. *Journal of Applied Linguistics and Applied Literature: Dynamics and Advances* 9: 79-104.

Zhang, Y. 2021. Combining computer-mediated communication with data-driven instruction: EFL learners' pragmatic development of compliment responses [J]. *System* 103: 102624. doi: 10.1016/j.system.2021.102624.

陈新仁，2020，基于元语用的元话语分类新拟 [J]，《外语与外语教学》（4）：1-10，24。

陈新仁、何刚、毛延生、冉永平、于国栋、吴亚欣、姜晖、任伟、谢朝群，2023，语用学研究前瞻 [J]，《北京第二外国语学院学报》（2）：137-148。

教育部高等学校大学外语教学指导委员会（编），2020，《大学英语教学指南（2020 版）》[C]。北京：高等教育出版社。

何周春、龚彦知，2013，中国英语学习者的语言意识发展研究——以语用意识与语法意识为视角 [J]，《现代外语》（3）：278-285。

何周春、龚彦知，2020，中国英语学习者语用意识发展特征与规律研究 [J]，《外语教学理论与实践》（2）：29-36。

洪岗，2007，外语教学改革症结何在——评《外语教学改革：问题与对策》[J]，《山东外语教学》（2）：7-10。

胡美馨，2007，言语行为语用意识培养在综合英语教材中的实现 [J]，《外语研究》（4）：65-69。

胡越竹，2016，外语焦虑与交际意愿个体差异实证研究 [J]，《外语电化教学》（6）：9-14。

黄洁，2009，非本族语者言语行为能力发展研究回顾与我国言语行为教学路径 [J]，《外语教学理论与实践》（1）：68-76。

教育部考试中心，2018，中国英语能力等级量表 [S]。北京：高等教育出版社。

李燕、姜占好，2014，新时期英语专业学生语用能力调查报告及启示 [J]，《外语教学》（5）：68-71。

冉永平，2006，外语学习的语用学综览与管见 [J]，《外语研究》（1）：48-51。

施渝、樊葳葳，2022，国际二语交际意愿研究（1996—2019）：回顾与展望 [J]，《语言教育》（3）：22-34。

束定芳，2004，《外语教学改革：问题与对策》[M]。上海：上海外语教育出版社。

孙亚、戴凌，2002，语用失误研究在中国 [J]，《外语与外语教学》（3）：19-21。

王初明，2011，外语教学三大情结与语言习得有效路径 [J]，《外语教学与研究》（4）：540-549。

魏冉，2013，大学生个体差异与语法、语用意识及能力的相关性研究 [J]，《江苏师范大学学报（哲学社会科学版）》（6）：71-74。
韦晓保、陈巽、杨洋，2022，情绪智力、课堂社交环境对二语交际意愿的影响——来自调节模型的证据 [J]，《外语与外语教学》（6）：88-99。
余淼，2018，论外语交流意愿研究的两次转变 [J]，《现代外语》（4）：574-585。
钟小立，2015，翻转课堂对二语学习者交际意愿影响的实证研究 [J]，《当代外语研究》（4）：54-58。

通信地址： 510631 广东省广州市天河区中山大道西55号华南师范大学外国语言文化学院
作者简介： 潘楚欣，华南师范大学外国语言文化学院硕士研究生，研究方向为二语语用学。
Email：2021021563@m.scnu.edu.cn
徐学平（通信作者），华南师范大学外国语言文化学院教授，博士，硕士生导师，研究方向为语用学、应用语言学。
Email：xuxuep@163.com

（文字编辑：霍炜）

附录一　赞美语料编码系统

表 1.　赞美策略编码系统

Type	Definitions
Explicit	Explicit compliments are generally direct and unambiguous positive remarks that contain at least one positive semantic carrier. (Ye 1995; Yuan 2002; Yu 2005)
Implicit	Implicit compliments, without a positive lexical item at the level of linguistic form (Ye 1995; Yu 2005), require more inferences from the addressee to reconstruct the implicated meaning, containing 8 kinds of implicit compliment sub-strategies (Yu 2005)
Admiration	To show the speaker's admiration by setting the addressee as a learning target.
Assumption	The speaker's assumption regarding the addressee's past effort to good performance.
Contrast	The contrast between the addressee and others.
Evaluation	To give a complimentary evaluation to assure the addressee's past effort.
Explanation	To describe the good aspects of the addressee's appearance/performance.
Joke	To express the speaker's positive intentions in a jokey way.
Request	To ask the addressee for his/her opinion, advice or experience, or to request the addressee to do something, for instance, to teach the speaker some skills.

（待续）

（续表）

Want	To show the speaker's want, wish or interest in the complimented topic.
Non-compliment	Responses that cannot be regarded as compliments, be it mere expression of thanks, bound semantic formula occurring on their own, or replies that do not carry any positive meanings.
Opt-outs	A few respondents chose to say nothing in some cases and their responses were coded as Opt-outs. Replies other than compliments, for instance, greetings, address terms, or non-complimentary remarks.

表 2. 赞美语言实现方式的编码系统

Types of Linguistic Realizations	Definitions and Examples	
A. Compliment Formulas		
1. Positive Semantic Carriers	Where semantic aspects of direct compliments are concerned, there were four mutually exclusive positive carriers by which a direct compliment could be realized: Adjective (e.g., 'nice', 'pretty', 'great', 'terrific'), Adverb (e.g., 'well'), Noun (e.g., 'doll', 'beauty'), and Verb (e.g., 'to love', 'to like')	
2. Syntactic Formulaic Patterns	(1) NP {is, looks} (really) ADJ (PP)	e.g. Your hair looks nice.
	(2) I (really) {like, love} NP	e.g. I love your hair.
	(3) PRO is (really) (a) (ADJ) NP	e.g. That's a nice piece of work
	(4) You V (a) (really) ADJ NP	e.g. You did a good job.
	(5) You V (NP) (really) ADV (PP)	e.g. You really handled that situation well.
	(6) You have (a) (really) ADJ NP	e.g. You have such beautiful hair!
	(7) What (a) (ADJ) NP!	e.g. What a lovely baby you have!
	(8) ADJ (NP)!	e.g. Nice game!
	(9) Isn't NP ADJ!	e.g. Isn't your ring beautiful!
B. Supportive Moves	A supportive move is defined as an optional element that serves to intensify the complimentary force of given compliment.	
1. Grounders	Reasons, explanations or justifications for making compliments.	
2. Requests	Request for opinions, advice or experience when making compliments to others.	
3. Intensifiers	Expressions for maximizing the imposition when making compliments.	
C. Small Talk	With regard to small talk, it usually refers to utterances that touch on topics other than those related to the intended action (Ming-chung, 2011).	

附录二　赞美产出评分量表

Levels & Scores	Content	Form
Excellent (9-10)	1. ideas completely informative and credible for the given situation 2. showing clear knowledge of relevance, clarity and politeness for the given situation	1. No grammatical errors 2. showing clear knowledge of word choice and phrasing for the given situation
Good (7-8)	1. ideas mostly informative and credible for the given situation 2. showing proficient knowledge of relevance, clarity and politeness for the given situation	1. few grammar errors, which do not impede 2. comprehension showing proficient knowledge of word choice and phrasing.
Fair (5-6)	1. ideas moderately informative and credible for the given situation 2. showing adequate knowledge of relevance, clarity and politeness for the given situation	1. several grammar errors, which do not significantly impede comprehension 2.showing adequate knowledge of word choice and phrasing for the given situation
Poor (3-4)	1. ideas slightly informative and credible for the given situation 2. showing limited knowledge of relevance, clarity and politeness for given situation	1. frequent grammar errors, which occasionally impede comprehension 2. showing limited knowledge of word choice and phrasing for given situation
Very Poor (1-2)	1. ideas hardly informative and credible for the given situation 2. showing a lack of knowledge about relevance, clarity and politeness for the given situation	1. full of grammar errors, which significantly impede comprehension 2. showing a lack of knowledge about word choice and phrasing for the given situation

二语互动协同研究：现状与趋势*

浙江大学 王 敏 宋昭杰

提要： 语言协同指互动过程中，交际双方在语言使用上的趋同，发生于语音、词汇、句法等各个层面。心理学研究表明，协同是普遍的心理机制，在语言习得中具有重要作用。目前，协同已成为二语习得和外语教学研究领域的新热点。为帮助二语研究者全面掌握相关的理论、方法和研究现状，本文对近期的二语协同研究进行综述，首先简要介绍二语协同研究的理论基础，然后聚焦自然会话中的协同、非语言层面的协同以及读后续写中的协同等三个主要议题，对相关实证研究进行系统梳理，最后指出未来研究发展的趋势与方向。

关键词： 互动协同；续论；读后续写；二语学习
DOI:10.20054/j.cnki.sllr.2023.17.006

1. 引言

语言研究中的协同（alignment）是指人们在对话过程中接受并重复使用谈话对象使用过的词汇、句法结构，或在口音、语速等多个方面与对方趋同（Pickering & Ferreira 2008）。近年来，语言协同受到心理语言学和二语习得领域研究者的广泛关注（如 Atkinson *et al.* 2007；Costa *et al.* 2008；Pickering & Garrod 2004）。心理学家 Pickering & Garrod（2004，2021）提出互动协同模型（Interactive Alignment Model），认为互动源于协同，协同是保持人际对话顺畅进行的关键机理机制。二语习得研究者 Atkinson *et al.*（2007）从更广阔的社会认知角度出发定义协同，认为协同不仅发生在人与人之间，也发生在人与社会和物质环境之间，是二语习得的核心驱动力。目前，协同已成为二语习

* 本文系国家社科基金年度项目“外语互动协同的认知机制及应用研究”（项目编号：20BYY088）的阶段性研究成果。

得研究的新热点，现有研究围绕二语协同的机制、协同效应的影响因素以及协同在二语发展中的作用等关键问题展开，深化了对二语习得认知机理的认识（Jackson 2023）。王初明（2016，2017）创建的续理论进一步拓宽了二语互动协同研究的深度和广度，为外语教学中的互动协同研究开辟了广阔的应用前景。该理论提出，在外语学习中应用简单易行的“续”任务，能够激发协同效应，有效提高学习效率（如 Wang & Wang 2015；王敏、王初明 2014）。为帮助二语研究者全面掌握相关的理论、方法和研究现状，本文对近期二语协同研究进行综述。首先简要介绍二语协同研究的理论背景，然后对相关实证研究的研究议题和方法进行系统梳理，最后指出未来发展的趋势与方向。

2. 理论背景

认知心理学中协同的概念发端于 Pickering & Garrod（2004）提出的互动协同模型，指对话双方在互动中动态调整，彼此适应，从而相互理解，实现交际目的的心理过程。具体而言，对话双方通过语音、词汇、句法、语义等语言层面的协同来实现情境模型层面的协同（包括事件的时间、地点、人物、缘起、结果等信息），达成共同立场（common ground），从而相互理解。语言协同表现为谈话者接受并重复使用对方使用过的词汇、句法结构，并在口音和语速等方面与对方趋同。随着对话的展开，当对话双方所使用的语言形式在各个层面契合时，协同强度达到最大。因此，协同是互动的内在属性，源于理解和产出的紧密结合，实质是语言理解和产出在互动中不断趋同拉平、缩小不对称性的产物。

根据互动协同模型，语言协同的心理机制是结构启动（structural priming），即人们在产出时倾向于重复先前听到过或使用过的语言结构（Bock 1986）。研究表明，结构启动是一种内隐学习，是大脑中的抽象句法表征根据近期经验进行调整的结果（Bock & Griffin 2000；Chang *et al.* 2000；Ferreira & Bock 2006），能够促进语言发展（Pickering & Ferreira 2008）。根据这些发现，结构启动是语言表征在近期经验影响下产生的自动化反应，而非策略性的交际现象（Pickering & Ferreira 2008）。因此，语言协同也是自动化的现象——只要说话人感知到对方的语言使用行为，他随后重复这一行为的概率会自动升高（Pickering & Garrod 2004），不受社会因素的调节。这一观点被称为协同的不可调节假说（unmediated account of alignment）（Branigan *et al.* 2011；杨连瑞等 2017）。

与此相反，社会语言学研究认为，协同实质是一种社会中介（socially-mediated）行为。适应理论（Accommodation Theory）认为，在社会交际中，说话者为了更好地融入当下的社会环境或增强社会认同感，会无意识地与谈话对象的语言使用习惯（如句子长度、语速、音量、停顿频数等）趋同（Giles & Ogay 2007；Giles *et al.* 1991）。心理学实验研究为此提供了佐证。Branigan *et al.*（2011）发现，相较于人际互动（同伴身份为人），人机互动（同伴身份为计算机）中词汇协同效应更强，原因在于人们通常会预设计算机的语言能力有限，为了实现与计算机的顺利沟通，更倾向于重复计算机使用过的词语，即计算机能够理解的词汇。借鉴社会语言学研究成果，Branigan *et al.*（2011）提出协同的听众设计（audience design）原则，又称协同的可调节假说（mediated account of alignment），认为协同之所以发生，是因为通过重复对方刚使用过的语言，说话者可确保谈话对象最大程度地理解话语，以保持交际顺畅进行。研究表明，社会认知因素会影响语言协同的强度。Balcetis & Dale（2005）针对英语本族语者的研究发现，受试与亲切友好的同盟者互动时，表现出更强的句法启动效应。Hwang & Chun（2018）发现，学生对老师的喜爱程度越高，学生越愿意重复老师使用过的词语和句型结构，而且学生的协同行为呈现出很强的个体差异性。谈话伙伴口音标准程度、与自己相似度的感知等也会影响语言协同的程度（Weatherholtz *et al.* 2014）。目前，有关协同社会机制的研究零散而稀少，研究结论也不一致。例如，Schoot *et al.*（2016）研究发现，在图片描述任务中，受试是否愿意给同伴留下良好的印象并不影响句法协同强度。因此，社会因素是否以及如何影响语言协同尚需进一步研究。

值得注意的是，协同的结构启动机制和社会机制并非相互排斥，两种机制可能共同作用于说话者的语言使用。因此，有必要建立综合的协同机制模型，同时涵盖认知和社会因素，从而更全面深入地揭示启动的发生机制（Branigan *et al.* 2011；Weatherholtz *et al.* 2014）。

3. 二语协同效应研究

近年来，协同受到二语习得领域的持续关注，研究的深度和广度不断拓展，呈现出三点显著变化（Jackson 2023；Kim & Michel 2023）。第一，从高控制的实验室研究走向课堂交际环境及不同模态的自然对话，开始关注二语对话中协同的机制与母语对话的不同；第二，在社会认知理论的影响下，从单一研究语言层面的协同扩展至非语言层面，开始关注社会情感因素对二语协同的影响；第三，在续论的推动下，从单一研究对话中的协同转向人与文本之间的协同，开始关注协同的长期促学效应。下文以这三点变化为主线，对研究现状进行系统梳理，将研究大致分为三类：自然对话中的二语协同及认知机制、非语言层面的二语协同及协同的社会影响因素、读后续写中的二语协同及长期促学效应。需要说明的是，这三个范畴的研究并非完全相互独立，存在一定程度的关联重合。

3.1　自然对话中的二语协同及认知机制

早期的二语协同研究大多基于实验室环境，采用脱离语境的句子来考察结构启动（Jackson 2018），发现二语学习者会在词汇（Crossley 2013）、句法（Kim & McDonough 2008；McDonough 2006）等不同语言层面与输入协同。为提高研究的生态效度，近期研究不断扩展协同发生的情境，开始关注实验室外，即真实环境和自然对话中的协同效应。例如，Trofimovich & Kennedy（2014）考察了二语学习者在含有信息差（information gap）的口语交际任务中所表现出的协同。结果表明，中、高级水平的二语学习者会无意识地与谈话对象在流利度、韵律、词汇、手势、互动风格等方面协同，以促进信息的传递。同时，Trofimovich 等研究者（Trofimovich 2016；Trofimovich *et al.* 2013；Trofimovich *et al.* 2014）设计了基于主题的信息交换活动（theme-based information-exchange activities），对其中的互动协同进行考察。在该任务中，学习者 A 和 B 均会收到关于某一指定话题的相关观念陈述（可能是正确的，也可能是错误的）和事实陈述，然后双方轮流进行信息交换。学生 A 首先陈述某一观念，学生 B 自主判断该观念是否正确，最后学生 A 依据事实陈述提供正确答案。研究结果显示，在课堂互动中，相较于同伴未产出目标结构的情况，若同伴正确产出了目标结构，另一方随后正确产出目标结构的概率显著提升。基于话题的信息交换活动具有两个突出的特点：其一，语言理解和产出紧密结合，有利于产生语言协同效应、促进学生掌握尚未习得的结构；其二，适用于真实的课堂语境，可以将课程教学内容（如学术词汇、多音节词重音模式、被动句、关系从句、状语从句、WH- 疑问句）直接内嵌入任务材料中，实现形式与意义兼顾。此外，现有研究还发现，任务重复（Jung *et al.* 2017）、任务目的（Dao *et al.* 2018）、语音和句法联合启动（Trofimovich *et al.* 2013）等因素会影响二语口头交际中语音和句法协同的强度。

近年来，同步计算机辅助交际（synchronous computer-mediated communication）情境中的协同效应引发了研究者的关注。已有研究表明，计算机辅助交际的两种不同形式，即书面聊天和视频聊天中均存在二语词汇和句法协同（Michel & Cappellini 2019）。Michel *et al.*（2022）利用 PoS-tagging 和 n-gram 方法，分析考察了视频聊天中的二语词汇和句法协同。在实验中，对话双方完成两项自由对话任务及四项找不同任务（spot-the-difference tasks），共六项交际任务。结果显示，视频聊天中存在二语词汇和句法协同，且句法协同强于词汇协同。该研究同时发现，相较于自由对话，对话双方在进行找不同任务时，词汇协同效应更强，说明协同会受到任务类型的影响，与句法协同相比，词汇协同受到任务类型的影响更大。Kim *et al.*（2019）发现，与面对面聊天相比，书面聊天中句法协同的即时和长期效应更强，书面聊天中的人际互动更有助于二语句法协同的发生。可能的原因有两点：第一，书面信息能够在屏幕上永久保留，输入和产出的视觉凸显度得以加强，而且谈话者有更多时间加工即将产出的信息、回顾较早的话轮、监控和修正自己的产出，因此更有可能注意到交际中的语言形式和意义；第二，由于书面信息可长期留存，学习者的工作记忆负担减小，更有可能依赖显性记忆策略，通过重复或修改之前使用或接触过的形式来表达意义。

与此同时，二语对话中协同的发生机制也引起关注。根据互动协同模型（Pickering & Garrod 2004，2021），协同的主要机制是结构启动，而结构启动是内隐的、自动的。但是，二语者的协同是否如母语者一样自动化发生，不需要消耗认知资源，一直存在争议（Costa *et al.* 2008）。Michel & O'Rourke（2019）采用眼动技术考察书面聊天中互动协同与注意之间的关系，发现二语协同中存在显性的、有意识的、自上而下的策略。Suffill *et al.*（2021）发现，在特定的交际环境中，说话者会策略性地、有意识地调整协同的倾向，即说话者能够基于对谈话对象语言能力的判断，调整协同强度。在对认知要求较高的交际任务中，母语者和非母语者均可以通过有意识的协同来适应非母语谈话对象的语言，从而增加被正确理解的概率。Sinclair & Fernández（2023）聚焦二语学习者与教师对话中的语码转换，提出语码转换既是自动的协同，也受到有意识的策略的影响。学习者的语言水平越低，语码转换的启动效应越强。当学习者与教师进行对话的过程中遇到障碍时，语码转换协同会自动产生，以保证对话的顺畅进行。语言水平高的学习者会更有策略性地使用语码转换，控制一语、二语的使用。Coumel *et al.*（2022）也围绕二语对话中协同的自动化程度进行研究，考察了母语为西班牙语的英语学习者在与母语为英语的教师进行书面聊天时，能否同时与多个句法结构（属格、被动格、与格）协同，以及协同是否受到学习者先有知识和有意识策略的影响。研究发现，英语学习者能够同时对多个句法结构产生协同，但协同的程度不同。学习者的先有知识和有意识策略对协同没有显著影响，但能够影响学习者对目标结构的产出——学习者对某个句法结构越熟悉，使用该目标结构的概率越高，并且学习者会有意识地决定使用或避免使用某个句法结构。

3.2 非语言层面的二语协同及协同的社会影响因素

这一主线的研究主要在新兴的二语习得社会认知理论框架下进行（Atkinson 2011），强调协同的认知与社会属性的互动共生关系。根据具身认知（embodied cognition）领域的观点，人类认知可被视为适应智力（adaptive intelligence），即人们依据生态社会环境变化而及时调整（Wheeler 2005）。基于此，Atkinson *et al.*（2007）提出，协同是人类适应复杂环境的手段，而环境由心智、身体、物质世界三者共同构成。协同不仅发生在人与人的互动中，也发生在人与社会和物质环境的互动中，是二语习得的核心驱动力。因此，协同研究应强调生态社会环境与认知的不可分割性，将协同置于具体的语境中作为一种受多种符号资源中介（mediated）影响的具身体验性（embodied）活动进行考量，既考察语言层面的协同，也考察非语言层面的协同，同时关注社会情感因素对协同效应的影响，在多维、细颗粒度的层面上描写二语协同行为。

现有研究主要采用个案分析的方法考察学习者与他人合作完成二语语法练习（Atkinson *et al.* 2007）及合作写作任务（Nishino & Atkinson 2015）时的协同行为，发现学习者在词汇、声调及句法等语言层面协同，同时在非语言认知工具（如手势、眼神以及行为等）的使用中彼此协调。McDonough *et al.*（2022）采取同伴对话的模式，考察二语学习者在对话中的非语言层面协同，发现二语学习者能够与同伴产生头部、手势和面部表情等非语言层面的行为协同。其中，手势协同可以作为预测谈话双方动机的一个重要指标。而且，非语言层面的协同有助于增进对话中的互动，促进对话双方间和谐的人际关系。Cappellini *et al.*（2022）聚焦视频聊天情境，探索验证了词汇、句法、面部表情等多模态互动协同的测量方法，并且发现不同模态的协同往往不会同时发生，也验证了视频聊天中面部表情的重要作用。非语言层面的协同还包括交际过程中，对话双方对于彼此的感知判断。具体表现为，对话过程中双方对彼此的语言能力、合作程度、动机情况、焦虑程度等方面的判断。例如，当说话者认为谈话对象的语言难以理解、对谈话对象的合作程度不满意、对对话主题存在焦虑情绪、或对话动力不足时，对话将难以继续进行。Tekin *et al.*（2022）则从该角度出发，考察对话双方在感知互动层面的协同，以及感知互动层面的协同是否能够影响对话双方对交际成功的判断。研究表明，对话双方在语言理解性、语言流利度、焦虑、动机和合作五种感知互动层面上均产生协同效应，感知互动层面的协同与谈话双方对交际成功的判断有关。其中，合作层面的协同与交际成功度的相关性最高：对话双方对彼此合作程度的判断越一致，他们越有可能对交际成功度作出一致的判断。

此外，社会认知视角下的协同研究也开始关注社会情感因素对二语语言协同的影响。Chun & Kaan（2022）以中等水平的韩国英语学习者作为受试，要求他们在听完三种不同英语口音朗读的句子后，对图片进行描述，考察了口音对二语者句法协同效应的影响。结果发现，口音及学习者对口音的熟悉程度对二语句法协同产生显著影响。但此类研究目前还非常稀少。

3.3 读后续写中的二语协同及长期促学效应

王初明教授提出的续理论进一步拓宽了二语互动协同研究的深度和广度。续论认为，语言是通过“续”学会的，高效学习是通过“续”实现的（王初明 2014，2015，2016，2017，2018，2019）。“续”指说话者在语言交际中理解并承接他人的表述方式，用以阐述自己的思想，前后关联，推动交流。续论的促学原理是，利用语言理解与语言产出前高后低的不对称，借力两者互动而产生的拉平效应，以“续”为拉平的引擎，近距离强力拉高语言产出水平，将别人的语言形式赋予自己的内容从而高效转化为自己会用的语言。续论以“学伴用随”原则为基石（王初明 2009），强调互动是语言学习的源头，语言学习遵循“互动→理解→协同→产出→习得”普遍有效路径。互动中丰富的语境信息促进理解，理解促进协同，协同促进产出，产出促进习得。续论将协同效应置于二语习得的整体框架下进行考量，认为协同是一个社会认知过程，不仅发生在人际互动中，也发生在人与文本之间的互动中（王初明 2016）。

读后续写是一项将阅读与写作相结合的综合写作任务，体现了“续”的核心机制，能够有效提高外语学习效率（王初明 2012，2016）。在此任务中，二语学习者先阅读一篇被抹去后半部分的读物，接着在此基础上进行续写，补全内容。为此，学习者首先需要充分理解原文，构建情景模式，从而创造续写内容。在续写过程中，学习者需要理解原文中构建的情境模式，并与之协同，确保续写的内容和语言与原文连贯一致（王敏、王初明 2014）。因此，续论视角下的二语协同研究主要围绕读后续写展开。也有个别研究考察读后续译中的协同效应（如 Li *et al.* 2020；黄洁、肖娴 2021；许琪 2016），任务的设计原理、研究方法等都与续写类似。因此，本文主要综述读后续写的相关研究。

早期研究主要考察读后续写中是否存在协同效应。大量实证研究证实，在读后续写任务中，学习者在词汇、句法、语篇等不同语言层面与输入原文均存在不同程度的协同。例如，王敏、王初明（2014）通过关键词比较分析，发现读后续写对词汇可产生协同作用，学习者在产出中重复使用原文中出现过的词和词块。Wang *et al.*（2021）通过考察中国英语学习者对运动事件的描述方式，发现学习者与所读的英语文本在句法层面存在协同。缪海燕（2017）以任务感知和语言输入类型为因素，构建四种内、外部互动语境。研究发现，读后续写能够激发学习者在语篇层面上的协同，且协同强度受到互动语境的影响。杨华（2018）考察了读后续写对中高级英语学习者写作修辞的学习效应，并基于扎根理论对学习者的续作进行了质性分析，发现续写能够促使学习者模仿使用高于自身语言产出水平的修辞，使续作与原作在语言风格上协同。

近期研究开始关注读后续写中协同效应的持续性，即读后续写在多大程度上能够促进二语长期发展。有证据表明，读后续写能够促进二语词汇学习。例如，姜琳、涂孟玮（2016）从词性、词义、用法三个维度考察学习者的学习情况，与概要写作相比，发现读后续写任务能够提升学习者对目标词的注意程度和加工深度，有效促进二语词汇学习，特别是在词义和用法方面。孙钦美、王钰（2018）以母语为汉语的高中英语学习者为受试，考察了读后续写对英语冠词学习的促学效应，发现通过读后续写任务，高水平和低水平的英语学习者冠词成绩得到显著提升，读后续写对英语冠词的促学效果优于阅读任务。也有研究围绕读后续写促学复杂英语句子结构来展开。王启、王初明（2019）聚焦英语关系从句学习，考察发现读后续写所产生的协同效应促学关系从句，且相比于只读不写，读后续写能带来长时的促学效应。也有研究考察读后续写能否提升学习者的语言产出表现。姜琳、陈锦（2015）采用“前测—干预—后测—延迟后测”的设计模式，对比读后续写和命题写作对中国学习者英语写作语言准确性、复杂性和流利性发展的影响，结果发现，读后续写能够提升学习者的语言产出质量，尤其是在准确性和复杂性方面。王敏、蔡宁（2022）通过一项为期 11 周的实验，考察了读后续写任务对二语写作中语言发展的促进作用。研究表明，读后续写任务能够有效促进二语产出能力的发展，但输入文本的语言复杂度对二语写作流利性、准确性和复杂性的促进作用不同。此外，Wang *et al.*（2022）运用词汇重复率、潜在语义相似度（latent semantic similarity）、语言风格匹配度（language style matching）三个词汇协同指标进行测量，考察了二语学习者从前测到后测的写作质量变化，证实了读后续写任务的协同效应能够持续，从而促进二语长期发展。Chen & Zhang（2022）采用潜变量曲线模型（latent growth curve model）分析了读后续写在高中生词汇短语知识习得中的作用，发现经过五个月的读后续写训练，学习者能够产出更多高频的、连接强度更大的三词和四词词块。

读后续写研究关注的另一重点是协同效应的影响因素。目前研究主要集中在任务特征，如任务模式、语言复杂度、体裁、输入强化、输入模态等。Wang *et al.*（2021，2022）验证了读后续写的任务模式对协同效应产生影响，发现多轮续写的词汇和句法协同效应强度均高于单轮续写。单轮续写将输入文本一次性提供给学生，而多轮续写则将输入文本切分为若干片段，分次呈现给学生，学生每读完一个片段即续写下一个片段，经过多个轮次，将整个故事续写完整。结果表明，与单轮续写相比，多轮续写任务中学习者和文本的互动强度更大，学习者对文本的理解更深入，协同效应也更强。此外，阅读材料的输入特征也会影响协同效应。Peng *et al.*（2020）发现，输入文本的语言复杂度影响协同效应：阅读简易版的文本时，学习者的写作语言准确性和流利性更高。张洁等（2023）考察了原文体裁对读后续写协同效应的影响，发现记叙文、说明文和议论文三种体裁的续写均能激发学习者的协同效应，但在具体协同指标上存在一定差异。邱鹊、王敏（2022）聚焦于文本增显，考察了输入强化对读后续写协同效应的影响。结果显示，通过斜体字、粗体字、下划线等视觉突出方式，能够增加学习者对语言形式的注意程度，从而加大语言层面的协同效应。此外，也有研究围绕输入模态展开。例如，洪炜、石薇（2016）发现“文字 + 图片”读后续写模式能够促进二语学习者的量词学习。Zhou & Wang（2024）将输入文本与视频、同伴互动等模态相结合，考察跨模态输入对协同效应的影响。结果显示，与语言水平较高的同伴进行互动，可以增强读后续写中的协同效应，促进词汇学习。张素敏、李昱丽（2023）基于具身认知理论，融入 VR 数字技术，对比非强化读后续写与“数字 +”读后续写模式下协同效应的差异。结果表明，VR“数字 +”读后续写能够增强学习者身体与目标语环境的互动，协同效应更强。

4. 发展趋势与方向

目前，二语互动协同研究受到越来越多的关注，成为二语习得和外语教学研究领域的新热点，为解决二语习得中的一些核心问题，如互动促学的机理、语境在二语学习中的作用、影响互动促学的相关因素等，提供了新思路、新方法和实证依据。然而，研究的总体数量少，而且还存在一些问题和不足。在细致分析研究现状的基础上，充分借鉴不同领域有关协同的理论和方法，笔者认为，未来的二语互动协同研究存在以下几个主要发展趋势和方向。

第一，深入探讨二语互动协同的发生机制。根据互动协同模型，母语者的协同是无意识、自动化的。那么，语言能力尚在发展中的二语者是否同母语者一样，在谈话中无意识地相互协同？如果二语会话中确有协同发生，二语协同是否同样依赖自动化的启动机制？这两个问题是探究二语互动协同机制的核心问题。Costa *et al.*（2008）认为，二语互动需调用的认知资源多，自动化程度低，结构启动自动发生的概率也相应降低。所以，二语对话中协同的自动化程度低于母语者，可能受到母语迁移、结构的熟悉和掌握程度、对谈话伙伴的认同度等多重因素的影响。迄今为止，鲜有实证研究对 Costa *et al.*（2008）的理论假设进行检验。因此，二语协同是无意识的自动化行为，还是有意识的策略性行为，仍待研究。未来研究应采用眼动追踪、认知神经、脑科学的研究手段考察二语协同的发生机制，研究发现不仅能够揭示二语习得的关键认知机理，而且也能为心理学中有关协同发生机制的争议提供有价值的参考。

第二，探究协同效应的影响因素及其互动关系。二语习得是一个复杂适应性系统，各种语言及非语言的因素在其中互动交织，关联通达（The Douglas Fir Group 2016）。人类心智、身体、外部世界之间的互动协同影响其学习系统，是第二语言习得和发展的关键（Atkinson *et al*. 2007）。虽然协同是互动的内在属性，但协同仍受内外部互动语境制约。现有研究大多将协同作为孤立现象来考察，主要关注语言协同是否存在，试图在语言协同与学习效果之间建立线性关系，却甚少关注影响协同的社会认知因素（Kim *et al*. 2019）。未来研究应更多地关注协同与二语习得关键变量（如注意、记忆、母语迁移、语境、个体差异等）之间的关系，特别是社会与认知因素之间的互动关系。

第三，采用长期追踪的方法考察协同与语言发展之间的关系。现有研究主要考察学习者与输入的互动是否引发即时的语言协同，仅有少量研究涉及几天或一周后的效应，几乎未见研究从动态系统的视角对协同的学习效应进行长期追踪式的研究，尚无法确定互动协同能否或在怎样的环境下促进学习者语言能力的长期发展。回答这一问题对于深入理解互动协同在外语学习中的作用至关重要。未来研究可采用长期个案追踪或语言发展的动态复杂系统研究方法，长期、定期采集数据，在时间序列上考量协同所引起的学习者语言能力、学习策略等方面的动态变化，并对变化的受试间和受试内差异进行分析，然后将变化趋势与学习者所处的语境构成进行关联匹配，厘清变化背后的深层动因。

第四，采用跨学科的研究方法测量协同效应。协同发生在语言、情境模型等多个层面，不同层面的协同相互关联，相互影响。然而，现有研究将协同单一定义为词汇或句法结构的重复，或通过学习者语言运用的准确度等来间接推断协同效应，无法全面反映协同在二语学习中的作用（如协同是否能够促进社会语用、语篇能力的发展），影响了研究的信效度和解释力。也由于测量手段单一，现有研究大多仅关注语言层面的协同，对于语境或情境模型层面协同与语言层面的关联性关注较少。未来研究可借鉴自然语言处理、社会心理学、人工智能等领域研究，通过语料提取、计算机建模、语言风格分析等方法测量语言、情景模型和社会语用等层面的协同。

参考文献

Atkinson, D. 2011. *Alternative Approaches to Second Language Acquisition* [M]. New York: Routledge.

Atkinson, D., E. Churchill, T. Nishino & H. Okada. 2007. Alignment and interaction in a sociocognitive approach to second language acquisition [J]. *The Modern Language Journal* 91: 169-188.

Balcetis, E. E. & R. Dale. 2005. An exploration of social modulation of syntactic priming [R]. *Proceedings of the Annual Meeting of the Cognitive Science Society*, Stresa.

Bock, J. K. 1986. Syntactic persistence in language production [J]. *Cognitive Psychology* 18: 355-387.

Bock, K. & Z. M. Griffin. 2000. The persistence of structural priming: Transient activation or implicit learning? [J]. *Journal of Experimental Psychology: General* 129: 177-192.

Branigan, H. P., M. J. Pickering, J. Pearson, J. F. McLean & A. Brown. 2011. The role of beliefs in lexical alignment: Evidence from dialogs with humans and computers [J]. *Cognition* 121: 41-57.

Cappellini, M., B. Holt & Y.-Y. Hsu. 2022. Multimodal alignment in telecollaboration: A methodological exploration [J]. *System* 110: 102391. doi: 10.1016/j.system.2022.102931.

Chang, F., G. S. Dell, K. Bock & Z. M. Griffin. 2000. Structural priming as implicit learning: A comparison of models of sentence production [J]. *Journal of Psycholinguistic Research* 29: 217-230.

Chen, J. & X. Zhang. 2022. L2 development of phraseological knowledge via a *xu*-argument based continuation task: A latent curve modeling approach [J]. *System* 106: 102767. doi: 10.1016/j.system.2022.102767.

Chun, E. & E. Kaan. 2022. The effects of speaker accent on syntactic priming in second-language speakers [J]. *Second Language Research* 38: 189-212.

Costa, A., M. J. Pickering & A. Sorace. 2008. Alignment in second language dialogue [J]. *Language and Cognitive Processes* 23: 528-556.

Coumel, M., E. Ushioda & K. Messenger. 2022. Learning multiple L2 syntactic structures via chat-based alignment: What is the role of learners' prior knowledge and conscious decisions? [J]. *System* 109: 102869. doi: 10.1016/j.system.2022.102869.

Crossley, S. A. 2013. Assessing automatic processing of hypernymic relations in first language speakers and advanced second language learners: A semantic priming approach [J]. *The Mental Lexicon* 8: 96-116.

Dao, P., P. Trofimovich & S. Kennedy. 2018. Structural alignment in L2 task-based interaction [J]. *International Journal of Applied Linguistics* 169: 293-320.

Ferreira, V. S. & K. Bock. 2006. The functions of structural priming [J]. *Language and Cognitive Processes* 21: 1011-1029.

Giles, H., N. Coupland & J. Coupland. 1991. Accommodation theory: Communication, context, and consequence [A]. In H. Giles, J. Coupland & N. Coupland (eds.). *Contexts of Accommodation: Developments in Applied Sociolinguistics* [C]. Cambridge: Cambridge University Press. 1-68.

Giles, H. & T. Ogay. 2007. Communication accommodation theory [A]. In B. B. Whaley & W. Samter (eds.). *Explaining Communication: Contemporary Theories and Exemplars* [C]. Mahwah: Lawrence Erlbaum Associates. 293-310.

Hwang, H. & E. Chun. 2018. Influence of social perception and social monitoring on structural priming [J]. *Cognitive Science* 42: 303-313.

Jackson, C. N. 2018. Second language structural priming: A critical review and directions for future research [J]. *Second Language Research* 34: 539-552.

Jackson, C. N. 2023. Epilogue: Advances in L2 alignment and where we go from here [J]. *System* 114: 103023. doi: 10.1016/j.system.2023.103023.

Jung, Y., Y. Kim & J. Murphy. 2017. The role of task repetition in learning word-stress patterns through auditory priming tasks [J]. *Studies in Second Language Acquisition* 39: 319-346.

Kim, Y. & K. McDonough. 2008. Learners' production of passives during syntactic priming activities [J]. *Applied Linguistics* 29: 149-154.

Kim, Y. & M. Michel. 2023. Linguistic alignment in second language acquisition: A methodological review [J]. *System* 115: 103007. doi: 10.1016/j.system.2023.103007.

Kim, Y., Y. Jung & S. Skalicky. 2019. Linguistic alignment, learner characteristics, and the production of stranded prepositions in relative clauses: Comparing FTF and SCMC contexts [J]. *Studies in Second Language Acquisition* 41: 937-969.

Li, Q., K. Yao & Z. Ge. 2020. Vocabulary alignment in the continuation task of translation [J]. *Chinese Journal of Applied Linguistics* 43: 455-468.

McDonough, K. 2006. Interaction and syntactic priming: English L2 speakers' production of dative constructions [J]. *Studies in Second Language Acquisition* 28: 179-207.

McDonough, K., Y. L. Kim, P. Uludag, C. Liu & P. Trofimovich. 2022. Exploring the relationship between behavior matching and interlocutor perceptions in L2 interaction [J]. *System* 109: 102865. doi: 10.1016/j.system.2022.102865.

Michel, M. & B. O'Rourke. 2019. What drives alignment during text chat with a peer vs. a tutor? Insights from cued interviews and eye-tracking [J]. *System* 83: 50-63.

Michel, M. & M. Cappellini. 2019. Alignment during synchronous video versus written chat L2 interactions: A methodological exploration [J]. *Annual Review of Applied Linguistics* 39: 189-216.

Michel, M., C. Appel & S. Cipitria. 2022. Lexical and syntactic alignment during English-Spanish teletandem meetings [J]. *System* 111: 102930. doi: 10.1016/j.system.2022.102930.

Nishino, T. & D. Atkinson. 2015. Second language writing as sociocognitive alignment [J]. *Journal of Second Language Writing* 27: 37-54.

Peng, J., C. Wang & X. Lu. 2020. Effect of the linguistic complexity of the input text on alignment, writing fluency, and writing accuracy in the continuation task [J]. *Language Teaching Research* 24: 364-381.

Pickering, M. J. & S. Garrod. 2004. Toward a mechanistic psychology of dialogue [J]. *Behavioral and Brain Sciences* 27: 169-190.

Pickering, M. J. & S. Garrod. 2021. *Understanding Dialogue: Language Use and Social Interaction* [M]. Cambridge: Cambridge University Press.

Pickering, M. J. & V. S. Ferreira. 2008. Structural priming: A critical review [J]. *Psychological Bulletin* 134: 427-459.

Schoot, L., E. Heyselaar, P. Hagoort & K. Segaert. 2016. Does syntactic alignment effectively influence how speakers are perceived by their conversation partner? [J]. *PLoS ONE* 11: e0153521. doi: 10.1371/journal.pone.0153521.

Sinclair, A. J. & R. Fernández. 2023. Alignment of code switching varies with proficiency in second language learning dialogue [J]. *System* 113: 102952. doi: 10.1016/j.system.2022.102952.

Suffill, E., T. Kutasi, M. J. Pickering & H. P. Branigan. 2021. Lexical alignment is affected by addressee but not speaker nativeness [J]. *Bilingualism: Language and Cognition* 24: 746-757.

Tekin, O., P. Trofimovich, T.-H. Chen & K. McDonough. 2022. Alignment in second language speakers' perceptions of interaction and its relationship to perceived communicative success [J]. *System* 108: 102848. doi: 10.1016/j.system.2022.102848.

The Douglas Fir Group. 2016. A transdisciplinary framework for SLA in a multilingual world [J]. *The Modern Language Journal* 100: 19-47.

Trofimovich, P. 2016. Interactive alignment: A teaching-friendly view of second language pronunciation learning [J]. *Language Teaching* 49: 411-422.

Trofimovich, P., K. McDonough & H. Neumann. 2013. Using collaborative tasks to elicit auditory and structural priming [J]. *TESOL Quarterly* 47: 177-186.

Trofimovich, P., K. McDonough & J. A. Foote. 2014. Interactive alignment of multisyllabic stress patterns in a second language classroom [J]. *TESOL Quarterly* 48: 815-832.

Trofimovich, P. & S. Kennedy. 2014. Interactive alignment between bilingual interlocutors: Evidence from two information-exchange tasks [J]. *Bilingualism: Language and Cognition* 17: 822-836.

Wang, C. & M. Wang. 2015. Effect of alignment on L2 written production [J]. *Applied Linguistics* 36: 503-526.

Wang, M., Q. Gan & J. Boland. 2021. L2 syntactic alignment in the reading-writing integrated continuation task: Evidence from Chinese EFL learners' description of motion events [J]. *Chinese Journal of Applied Linguistics* 44: 292-313.

Wang, M., Q. Gan & J. E. Boland. 2022. Effect of interactive intensity on lexical alignment and L2 writing quality [J]. *System* 108: 102847. doi: 10.1016/j.system.2022.102847.

Weatherholtz, K., K. Campbell-Kibler & T. F. Jaeger. 2014. Socially-mediated syntactic alignment [J]. *Language Variation and Change* 26: 387-420.

Wheeler, M. 2005. *Reconstructing the Cognitive World: The Next Step* [M]. Cambridge: The MIT Press.

Zhou, X. & C. Wang. 2024. Effects of interactive alignment on L2 vocabulary learning by Chinese EFL learners [J]. *Language Teaching Research* 28: 466-496.

洪炜、石薇，2016，读后续写任务在汉语二语量词学习中的效应 [J]，《现代外语》（6）：806-818。

黄洁、肖娴，2021，汉英“续译”的协同效应研究 [J]，《外语教学与研究》（1）：124-134。

姜琳、陈锦，2015，读后续写对英语写作语言准确性、复杂性和流利性发展的影响 [J]，《现代外语》（3）：366-375。

姜琳、涂孟玮，2016，读后续写对二语词汇学习的作用研究 [J]，《现代外语》（6）：819-829。

缪海燕，2017，外语写作互动的语篇协同研究 [J]，《现代外语》（5）：630-641。

邱鹄、王敏，2022，输入强化对读后续写协同效应的影响 [J]，《解放军外国语学院学报》（2）：70-78。

孙钦美、王钰，2018，读后续写在英语冠词学习中的效应及影响因素研究 [J]，《外语电化教学》（2）：18-24。

王初明，2009，学相伴 用相随——外语学习的学伴用随原则 [J]，《中国外语》（5）：53-59。

王初明，2012，读后续写——提高外语学习效率的一种有效方法 [J]，《外语界》（5）：2-7。
王初明，2014，内容要创造 语言要模仿——有效外语教学和学习的基本思路 [J]，《外语界》（2）：42-48。
王初明，2015，读后续写何以有效促学 [J]，《外语教学与研究》（5）：753-762。
王初明，2016，以“续”促学 [J]，《现代外语》（6）：784-793。
王初明，2017，从“以写促学”到“以续促学” [J]，《外语教学与研究》（4）：547-556。
王初明，2018，如何提高读后续写中的互动强度 [J]，《外语界》（5）：40-45。
王初明，2019，运用续作应当注意什么？ [J]，《外语与外语教学》（3）：1-7。
王敏、蔡宁，2022，读后续写输入文本语言复杂度对二语写作中语言发展的影响 [J]，《外语教学与研究》（6）：890-901。
王敏、王初明，2014，读后续写的协同效应 [J]，《现代外语》（4）：501-512。
王启、王初明，2019，以续促学英语关系从句 [J]，《外语教学理论与实践》（3）：1-5。
许琪，2016，读后续译的协同效应及促学效果 [J]，《现代外语》（6）：830-841。
杨华，2018，读后续写对中高级水平外语学习者写作修辞的学习效应研究 [J]，《外语教学与研究》（4）：596-607。
杨连瑞、崔永悦、张涛，2017，国内外二语习得协同效应研究 [J]，《中国外语》（2）：60-65。
张洁、王敏、陈康，2023，体裁对读后续写中协同效应和写作质量的影响 [J]，《现代外语》（2）：259-269。
张素敏、李昱丽，2023，具身认知视域下的强化读后续写协同效应 [J]，《现代外语》（3）：384-396。

通信地址：310058浙江省杭州市余杭塘路866号浙江大学紫金港校区外国语学院
作者简介：王敏，浙江大学外国语学院教授、博士生导师，博士，研究方向为二语习得、外语教学。
Email：zjdxwm@zju.edu.cn
宋昭杰，浙江大学外国语学院硕士研究生，研究方向为二语习得、外语教学。
Email：silvia_real@163.com

（文字编辑：张新萌）

二语句子理解中的结构启动研究：回顾与思考*

西安交通大学　魏　行　戈智博

提要：作为一种研究范式，结构启动对于考察二语句法知识的表征及其发展路径、深入了解二语句法学习机制具有重要的价值。国内外已有针对二语产出中结构启动研究的综述，但尚无针对二语句子理解中结构启动的述评。本文系统梳理了过去十余年来二语句子加工领域中的结构启动研究，总结了以往研究的主要发现和不足之处，探讨了未来的研究方向。

关键词：二语句子理解；结构启动；句法表征

DOI:10.20054/j.cnki.sllr.2023.17.007

1. 引言

结构启动是指人们在语言产出和理解中倾向于重复近期使用或接触过的句法结构（Bock 1986）。结构启动是一种常见的语言使用现象，为探究语言表征、加工和习得提供了一种经典的研究范式（Branigan & Pickering 2017）。关于结构启动产生的机制存在争议。一种观点认为结构启动效应源自启动结构的残余激活（residual activation）（Pickering & Branigan 1998）；另一种观点则认为结构启动本质上是一种基于错误的隐性学习（an error-based implicit learning）（Chang *et al.* 2006；Dell & Chang 2014）。有研究表明，母语结构启动效应可以持续一周至数周（Kaschak *et al.* 2011；Kaschak *et al.* 2014；Savage *et al.* 2006），且不受显性记忆的影响（Ferreira *et al.* 2008）；结构启动对语言使用

* 本文系国家社科基金一般项目“外语互动协同的认知机制及应用研究”（项目编号：20BYY088）的部分研究成果。

的频数敏感，低频结构产生的启动效应通常强于高频结构（Chen *et al.* 2022；Hwang & Shin 2019；Jaeger & Snider 2013；Scheepers 2003）。这些发现与隐性学习的特征吻合（Pickering & Ferreira 2008）。

对二语学习者而言，结构启动可帮助他们产出难习得的构式或新造构式（McDonough & Fulga 2015；McDonough & Kim 2009；McDonough & Trofimovich 2015），而且启动效应可持续到启动结束后数天至数周（McDonough 2011；Shin & Christianson 2012；Wang *et al.* 2021）。这些发现说明，结构启动在二语产出和学习中同样可发挥重要的作用。现有研究主要围绕二语产出中的结构启动（Jackson 2018；Trofimovich & McDonough 2011）。二语理解中的结构启动同样值得关注。一方面，二语学习（尤其是在外语环境下）多以接受性输入为主。二语理解中是否同样存在结构启动效应，该效应发生的机制是什么，受哪些因素制约？上述问题仍有待解答。另一方面，二语理解中的结构启动有独特的研究价值。与产出任务相比，理解任务更适合考察二语复杂构式的表征与加工（Hwang *et al.* 2018）。对大多数二语学习者而言，产出复杂句式（如包含局部歧义的关系从句、涉及长距离依存关系的句式等）更具挑战，而且这些句式通常较难采用图片描述等产出任务进行考量。相比之下，理解任务更适合考察二语者不易产出的复杂句式，探索这些句式的表征、加工与发展。国内外已有针对二语产出中结构启动的综述（Jackson 2018；王敏 2015），但尚无针对二语理解启动的综述性论文。鉴于此，本文系统梳理二语句子理解中的结构启动研究，并对未来研究方向提供建议。

2. 二语理解启动的早期研究

早期研究采用行为实验和脑成像技术，考察了被动句、关系从句加工中的结构启动，探究的问题包括二语句子理解中是否存在结构启动效应，该效应发生的条件是什么，主要受哪些因素的影响等。结果显示，二语句子理解中的确存在结构启动效应，该效应既可以在词汇重复的情况下发生（Nitschke *et al.* 2010；Weber & Indefrey 2009），亦可独立于词汇重复（Nitschke *et al.* 2014）；二语理解中的结构启动效应不受母语迁移的影响，并可持续一定的时间（Nitschke *et al.* 2010；Nitschke *et al.* 2014）。这些发现说明，二语理解中的结构启动是一种稳定的效应，本质上反映了隐性学习机制的运作（Chang *et al.* 2006；Dell & Chang 2014）。

Weber & Indefrey（2009）采用反应时和脑成像技术，考察了母语为德语的英语学习者理解英语被动句（如 the moon was painted by the girls）时是否存在结构启动效应。启动句包括主动句和被动句两种结构，目标句为被动句。启动句和目标句使用的动词相同（如均为 *painted*）。结果发现，与启动句为主动句相比，启动句为被动句条件下受试对目标句的加工更容易，目标句关键区的阅读速度显著加快，而且受试的左额下、左中央前区、左中颞叶等脑区出现了重复抑制（repetition suppression），说明启动句对目标句的加工产生了启动效应。Weber & Indefrey（2009）使用的实验材料相对简单，对更复杂的句式而言，二语理解中是否也存在结构启动效应呢？后续研究考察了相关问题。

Nitschke *et al.*（2010）利用句子—图片匹配任务，考察了二语歧义句加工中的结构启动效应。他们的实验材料是德语和意大利语中的关系从句，如"Here is the ballerina$_{[\text{SUBJ/OBJ}]}$ that the girl$_{[\text{OBJ/SUBJ}]}$ scares."（这是那个芭蕾舞女演员$_{[\text{主语/宾语}]}$害怕 / 吓坏的女孩$_{[\text{宾语/主语}]}$），这句话在德语和意大利语中均存在结构歧义，既可以解读为"芭蕾舞演员吓坏了那个女孩"（主语关系从句），也可以解读为"女孩吓坏了那个芭蕾舞演员"（宾语关系从句）。德语和意大利语母语者及母语为英语的德语和意大利语二语学习者参加了实验。实验中，每个启动句后面配有两张图片，其中，一张图片与宾语关系从句匹配，而另一张图片与启动句的内容无关。受试在选择与启动句对应的图片之后，立即阅读包含相同动词和相同结构歧义的目标句。结果显示，德语和意大利语母语者及二语者都倾向于按启动句的解读方式来理解目标句。值得注意的是，上述关系从句在英语中仅可解读为宾语关系从句，即"这是那个芭蕾舞女演员$_{[\text{宾语}]}$害怕的女孩$_{[\text{主语}]}$"，而在德语中有主 / 宾语关系从句两种解读。基线条件（即无启动条件）下，母语为英语的德语学习者比德语母语者更倾向于按宾语关系从句解读歧义关系从句，说明母语迁移对二语句子加工有影响。然而，就启动效应量而言，两组受试之间不存在显著差异，说明二语理解中的结构启动效应并不受母语迁移的影响。对意大利语母语者而言，主 / 宾语关系从句通常解读为主语关系从句，宾语关系从句较为罕见。结果显示，意大利母语者不受宾语关系从句启动句的影响，而意大利语二语者出现了结构启动效应。Nitschke *et al.*（2010）认为意大利母语者语言经验丰富，主语关系从句的表征固着度较高，制约了结构启动效应的发生；而二语者语言经验不足，更容易受启动句加工方式的影响。该发现说明二语理解中的结构启动效应受语言经验的影响，语言经验越少的受试群体（如二语学习者）结构启动效应越显著。

在上述两项研究中，启动句与目标句使用的动词相同，启动效应在动词不重复的情况下能否发生尚不清楚。针对该问题，Nitschke *et al.*（2014）采用了与 Nitschke *et al.*（2010）相似的实验任务和材料，但同时控制了词汇重复。结果发现，即使启动句和目标句使用的动词不同，启动效应也可以发生，说明二语理解中的结构启动效应并不依赖于词汇重复。此外，Nitschke *et al.*（2010）

和 Nitschke *et al.*（2014）的两项研究显示，启动效应不但出现在启动阶段，而且在即时后测阶段仍然显著，说明二语理解中的结构启动效应具有可持续性，可能反映了内隐学习机制的运作（Chang *et al.* 2006；Dell & Chang 2014）。上述研究对于揭示二语理解中结构启动发生的条件和机制具有重要的价值。然而，Nitschke *et al.*（2010）和 Nitschke *et al.*（2014）采用的图—句匹配任务是一种离线加工任务，反映了句子加工的结果，结论是否适用于句子在线加工过程尚未可知。

3. 二语理解启动的近期研究

如上所述，在早期三项研究中有两项采用了离线任务（Nitschke *et al.* 2010；Nitschke *et al.* 2014），其研究发现能否推广到在线加工有待检验。为此，近期研究普遍采用了实时阅读技术，考察二语句子在线加工中的结构启动效应。这些研究一方面继续关注词汇重复与结构启动的关系，探究二语水平对结构启动效应的影响，考察二语句法表征的发展历程；另一方面探究二语即时理解中的结构启动效应是否有可持续性，是否受语言使用频数等因素的影响，揭示二语理解启动发生的机制及其在二语句法学习中的作用。

关于二语理解中结构启动与词汇重复的关系，有三项研究发现只有当启动句与目标句使用相同的动词时才能观察到显著的启动效应（Fujita & Cunnings 2021；Wei *et al.* 2018；Wei *et al.* 2019）。换言之，二语理解中的结构启动似乎依赖于词汇重复。Wei *et al.*（2018）采用自定步速阅读技术，考察了主句 / 缩略关系从句（main clause/reduced relative clause）加工中的结构启动效应。英语主句 / 缩略关系从句（如 the architect selected by the committee was educated at Yale）包含局部歧义，其中，*selected* 既可以分析为主句动词，也可分析为缩略关系从句（[*who was*] *selected*）中的过去分词，之后的介词短语 *by the committee* 将歧义消解为缩略关系从句。以往研究（Clifton *et al.* 2003）显示，人们最初倾向于将 *selected* 分析为主句动词，读到后面的解歧区（介词短语 *by the committee*）时会出现加工困难。在 Wei *et al.*（2018）的研究中，每个目标句之前有两种类型的启动句，一种为主句（the group selected the speaker for the program），一种为缩略关系从句（the speaker selected by the group would be perfect for the program）。同时，实验操纵了启动句与目标句使用的动词，一种条件下二者动词相同，另一种条件下动词不同。因变量为目标句解歧区（如 *by the committee*）的反应时。两组不同水平的中国英语学习者参加了实验。结果发现，动词重复条件下，不论中等水平还是高级水平的二语者均出现了结构启动效应，缩略关系从句条件下目标句解歧区的反应时显著快于主句启动句条件。然而，动词不重复条件下，两组受试均未出现结构启动效应。换言之，二语句子理解中的结构启动效应受词汇重复影响，但二语水平对启动效应的影响不大。

Fujita & Cunnings（2021）使用不同的实验技术和材料，同样发现二语句子理解中的结构启动效应依赖于词汇重复。他们采用眼动阅读技术，考察了英语母语者及中高级水平的二语学习者加工主 / 宾语歧义结构（如 after the lady washed the dog started eating some food quickly）中的结构启动。以往研究（Christianson *et al.* 2001；Jacob & Felser 2016）显示，人们阅读主 / 宾语歧义结构时，倾向于将 *the dog* 视为时间状语从句中的宾语（即 *the lady washed the dog*），而实际上 *the dog* 充当了主句主语。实验操纵了启动句与目标句的结构歧义（一种条件下二者均存在歧义，另一种条件下仅启动句或目标句存在歧义）与动词重复（一种条件下二者使用的动词相同，另一种条件下动词不同）。自变量为解歧区（如，主句动词 *started*）的阅读时间。研究发现，与歧义启动句条件相比，在非歧义启动句条件下，无论英语母语者还是二语学习者阅读歧义目标句时均出现了结构启动效应，目标句解歧区的总阅读时间（total reading times）显著加快。然而，该结果仅限于词汇重复条件；如果启动句与目标句使用的动词不同，启动效应不显著。

尽管二语句子加工中的结构启动效应依赖于词汇重复，但词汇重复并非结构启动发生的充要条件。在一项自定步速阅读实验中，Wei *et al.*（2019）发现对于缩略关系从句而言，如果启动句与目标句的结构不同（例如，启动句为主句，而目标句为缩略关系从句），即使二者使用的动词相同也不会发生结构启动效应；只有当启动句与目标句结构一致且使用的动词相同时，才会出现结构启动效应。这与母语句子加工中观察到的结果一致。Tooley *et al.*（2009）采用事件相关电位（ERP）技术，发现在母语句子理解中，动词重复会影响标志语义加工的 N400 成分，而结构启动影响的则是标志句法加工的 P600 成分。该发现从本质上将词汇重复启动与结构启动效应区分开来。

此外，Wei *et al.*（2019）发现二语句子加工中的结构启动效应具有可持续性。在实验中，启动句与目标句或者毗邻，或者间隔 1~2 个结构无关的填充句。结果发现，毗邻与间隔条件下均出现了显著的结构启动效应，而且两种条件下启动效应量不存在差异。该发现说明二语句子加工中的结构启动本质上可能反映了隐性学习（Chang *et al.* 2006；Dell & Chang 2014）而并非残余激活（Pickering & Branigan 1998），因为残余激活效应通常转瞬即逝（Bernolet *et al.* 2016；Hartsuiker *et al.* 2008），而隐性学习可以持续更久（Bock & Griffin 2000；Kaschak *et al.* 2011；Kaschak *et al.* 2014；Wang *et al.* 2021）。

除了可持续性，二语句子理解中的结构启动还体现了反向偏好效应

（inverse preference effects），亦称逆频数效应（inverse frequency effects），是指低频结构通常比高频结构表现出更强的启动效应。结构启动的反向偏好以及可持续性均符合隐性学习的特征（Pickering & Ferreira 2008）。根据隐性学习观（Chang *et al.* 2006），语言使用中人们往往更期待读到或听到高频结构，实际接触的若是低频结构就违反了预期并导致预测误差（prediction error）。通过反向传播（back-propagation），预测误差会引起语言表征与加工系统做出调整和更新，减少再次出错的概率。因此，与高频结构相比，低频结构通常会带来更强的学习效应。母语结构启动中，有大量研究观察到反向偏好效应（Bernolet & Hartsuiker 2010；Chen *et al.* 2022；Hwang & Shin 2019；Jaeger & Snider 2013），为隐性学习观提供了证据。

近期，Wei *et al.*（2023）在二语句子理解中也发现了反向偏好效应。他们采用自定步速阅读技术，考察了中国英语学习者阅读平行结构中的启动效应。实验材料包含四种句式（1a）~（1d），其中，（1a）（1c）为平行结构（*and* 连接的两个 NP 内部结构相同，均为形容词短语或关系从句），（1b）（1d）为非平行结构（*and* 连接的两个 NP 结构不同，一者为形容词短语，一者为关系从句）。

（1）a. NP1=AdjP; NP2=AdjP.

A challenging to pass quiz and a simple to grasp problem were solved by Bill.

b. NP1=RC; NP2=AdjP.

A quiz that was challenging to pass and a simple to grasp problem were solved by Bill.

c. NP1=RC; NP2=RC.

A quiz that was challenging to pass and a problem that was simple to grasp were solved by Bill.

d. NP1=AdjP; NP2=RC.

A challenging to pass quiz and a problem that was simple to grasp were solved by Bill.

结果发现，与非平行结构（1b）（1d）相比，平行结构（1a）（1c）总体上更易于加工，说明平行结构中前后两个 NP 之间产生了启动（Sturt *et al.* 2010）。进一步的简单效应分析显示，当两个 NP 均由形容词短语修饰（1a）时启动效应显著，而当两个 NP 均由关系从句修饰（1c）时启动效应未达到显著水平。Wei *et al.*（2023）指出，对中国英语学习者而言，多词形容词短语作修饰语不常见，可接受度较低；而关系从句作修饰语较常见，可接受度高；因此，二者在启动效应上的差异实为反向偏好效应所致。

值得注意的是，Wei *et al.*（2023）使用的实验材料不含词汇重复，但观察到了显著的结构启动效应，说明二语句子加工中的结构启动效应可以在词汇不重复的情况下发生。该发现与 Wei *et al.*（2018）、Wei *et al.*（2019）、Fujita & Cunnings（2021）不同。Wei *et al.*（2023）认为这与实验材料的特点有关。其一，对主句 / 缩略关系从句（例如，the speaker selected by the group would be perfect for the program）及主语 / 宾语歧义结构（例如，after the lady washed the dog started eating some food quickly）而言，动词的形态句法属性（*selected* 为过去式还是过去分词，*washed* 作及物动词还是不及物）对句子加工十分重要。如果目标句使用的动词与启动句相同，有利于重新激活该动词的形态句法特征。相比之下，词汇的形态句法信息对并列名词短语的加工影响较小。其二，有研究显示，结构启动效应主要归因于隐性学习，但同时可能也包含了对启动结构的显性记忆（Bernolet *et al.* 2016；Zhang *et al.* 2020）。在 Wei *et al.*（2018）、Wei *et al.*（2019）、Fujita & Cunnings（2021）等研究中，启动句与目标句属于两个独立的句子，显性记忆效应有所衰减；而在 Wei *et al.*（2023）中两个并列名词短语出现在同一个句子内，显性记忆得以较好地保存。

综上所述，近期研究显示，二语句子在线加工中的结构启动效应有时仅在词汇重复的条件下发生，有时可以独立于词汇重复；是否依赖于词汇重复，很大程度上取决于实验材料的结构特点。二语水平对结构启动效应没有显著的影响，中、高级水平的二语者表现出来的启动模式基本一致。二语句子加工中的结构启动具有可持续性和反向偏好效应，反映了隐性学习机制的运作。

4. 思考与展望

二语结构启动研究在过去十余年中引起了越来越多的关注。然而，总体上二语句子理解中的结构启动研究数量较少，考察的受试群体和语言结构有限，研究结论的适用性有待检验。截至目前，二语句子理解中的结构启动研究不足十项，考察的结构限于被动句、关系从句、主 / 宾语歧义结构等几种句式，受试群体也以英语、德语等印欧语二语学习者为主。未来研究可进一步考察与格构式、涉及长距离依存关系的复杂句式等。这些结构在母语结构启动和二语句子加工研究中扮演着重要的角色，将其运用到二语理解启动研究中有助于探索二语句法表征的发展历程，揭示句法信息在二语加工中的作用。在受试遴选上，后续研究应增加二语群体的多样性，考察跨语言差异对二语理解启动的影响，检验现有研究结论的普适性。

虽然以往研究显示二语理解中的结构启动效应具有可持续性，但持续的时间有限。以往研究中，启动句与目标句仅间隔 1~2 个填充句（Wei *et al.* 2019），或者后测在启动结束后立即进行（Nitschke *et al.* 2010），启动效应的持久性无从得知。未来研究可增加启动句与目标句之间的间隔距离，或包含对启动效应的延迟后测。例如，可在启动结束后的数天至数周进行后测，检验二语理解中的结构启动效应在延迟后测阶段是否依然存在。在二语产出中，启动效应可持续到启动结束后的数天至数周（McDonough 2011；Shin & Christianson 2012；Wang *et al.* 2021）。如果产出与理解中结构启动发生的机制是相同的（Bock *et al.* 2007；Tooley & Bock 2014），那么，二语理解中的结构启动应同样具长效性。

如何将结构启动与二语习得领域的经典问题结合起来，深入挖掘其理论价值，是今后值得考虑的研究方向。我们认为以下三方面尤其值得关注。

第一，通过考察二语理解中结构启动与词汇重复及二语水平的关系，揭示二语句法表征的发展历程。根据基于使用的语言学习理论（Ellis & Wulff 2015；Tomasello 2003），随着语言水平的发展，母语儿童及二语学习者的句法表征经历由具体到抽象的发展过程。按照该理论，随着二语水平的提高，二语结构启动应呈现出由词汇依赖到词汇独立的发展趋势。然而，近期的一系列研究（Fujita & Cunnings 2021；Wei *et al.* 2018；Wei *et al.* 2019）显示，语言水平对二语理解中的结构启动效应并无显著影响，无论是中级还是高级水平的二语者均仅在词汇重复的情况下出现了结构启动效应。这些发现不支持基于使用的语言学习理论。当然，正如上文所述，该发现跟实验材料的结构特点有关，同时也受二语水平跨度的影响。以往研究中，受试的二语水平跨度较小，以中、高级水平的二语学习者为主。未来研究应考察更多的句法结构，同时遴选二语水平跨度更大的受试，进一步检验二语水平对结构启动效应的影响。

第二，通过操纵目标结构的输入频数及结构复杂度，考察输入在二语句法学习中的作用。具体而言，二语理解启动有助于探究仅凭隐性输入，二语句法能力能否得以发展。来自母语理解的结构启动研究显示，当母语者接触到一种存在加工困难的歧义结构之后，解歧区的加工难度随着实验进展不断降低，并最终与不存在歧义的控制句趋同（Fine *et al.* 2013；Prasad & Linzen 2021）。此外，英语母语者对不符合语法的新造构式（如 this dish needs <u>cooked</u>…）也表现出快速适应能力（Fraundorf & Jaeger 2016；Kaschak & Glenberg 2004）。受试刚接触到这种新造构式时阅读速度较慢，当他们短暂地接触过几个同类构式之后，阅读速度明显加快，说明他们很快适应了这种新造构式。不仅如此，这种句法快速适应能力还可以迁移到其他新造构式中（如 the copier will <u>recycled</u> …）。这些发现说明母语者具有较强的句法学习能力，而且，这种句法学习是以一种隐性的、自动的方式完成的。二语学习者是否也能够从输入中自动地学习隐含的句法知识？目前，二语句子理解中的结构启动研究为此提供了初步的证据。后续研究可采用累积启动范式（the cumulative priming paradigm）（Kaschak & Glenberg 2004），考察二语者在接触一种发展阶段更高的构式或新造构式之后，能否成功习得其中的句法规则。

第三，未来研究可尝试将二语理解中的结构启动与显性任务相结合，探索隐性学习与显性学习在二语句法发展中的作用，揭示两种学习模式之间的关系（Ellis 2015；Kim & Godfroid 2023）。来自二语产出中的结构启动研究显示，将结构启动范式与显性指导或任务要求相结合，能够增强二语产出中的结构启动效应（Grüter *et al.* 2021；Shin & Christianson 2012）。例如，在近期的一项研究中，Grüter *et al.*（2021）要求一组受试预测启动句的句法结构并将预测结果与实际读到的句法结构作对比，另一组受试仅重复启动句。结果发现，前者在启动和即时后测阶段均表现出更强的启动效应。如前文所述，结构启动效应很大程度上反映了隐性学习机制的运作，预测启动句的句法结构则具有显性的任务特征。因此，上述发现表明隐性学习与显性任务有机结合，可更大程度地提高二语产出中的句法学习效果。二语理解中将结构启动与显性任务要求相结合能否产生更强的启动效应，有待检验。以往关于显性—隐性学习接口的研究主要集中在形态—句法层面（Cintrón-Valentín & Ellis 2015；Rebuschat 2015），结构启动范式则为考察二者在句法层面的接口提供了一扇窗户。

5. 结语

正如引言所述，结构启动不仅是一种常见的语言使用现象，而且为考察语言加工和习得提供了一种重要的研究范式。过去十余年来，二语句子理解中的结构启动研究取得了一些有价值的发现，揭示了二语结构启动与词汇重复的关系，验证了结构启动效应的持续性及其对语言使用频数的敏感性，为二语句法结构的隐性学习提供了实验证据。作为一种研究范式，结构启动可操作性强，可以和不同的方法任务和实验技术相结合，为探究二语句法表征及其发展机制提供了得力的工具。未来研究在考察二语结构启动效应的本质及其制约因素的同时，应着力探索如何运用结构启动解决二语加工及习得领域中的核心问题，让这一经典的研究范式在探究二语知识表征与发展的征程中发挥更大的作用。

参考文献

Bernolet, S. & R. J. Hartsuiker. 2010. Does verb bias modulate syntactic priming? [J]. *Cognition* 114: 455-461.

Bernolet, S., S. Collina & R. J. Hartsuiker. 2016. The persistence of syntactic priming revisited [J]. *Journal of Memory and Language* 91: 99-116.

Bock, J. K. 1986. Syntactic persistence in language production [J]. *Cognitive Psychology* 18: 355-387.

Bock, K. & Z. M. Griffin. 2000. The persistence of structural priming: Transient activation or implicit learning? [J]. *Journal of Experimental Psychology: General* 129: 177-192.

Bock, K., G. S. Dell, F. Chang & K. H. Onishi. 2007. Persistent structural priming from language comprehension to language production [J]. *Cognition* 104: 437-458.

Branigan, H. P. & M. J. Pickering. 2017. An experimental approach to linguistic representation [J]. *Behavioral and Brain Sciences* 40: e282. doi: 10.1017/S0140525X16002028.

Chang, F., G. S. Dell & K. Bock. 2006. Becoming syntactic [J]. *Psychological Review* 113: 234-272.

Chen, X., S. Wang & R. J. Hartsuiker. 2022. Error-based structure prediction in language comprehension: Evidence from verb bias effects in a visual-world structural priming paradigm for mandarin Chinese [J]. *Journal of Experimental Psychology: Learning, Memory, and Cognition* 48: 60-71.

Christianson, K., A. Hollingworth, J. F. Halliwell & F. Ferreira. 2001. Thematic roles assigned along the garden path linger [J]. *Cognitive Psychology* 42: 368-407.

Cintrón-Valentín, M. & N. C. Ellis. 2015. Exploring the interface: Explicit focus-on-form instruction and learned attentional biases in L2 Latin [J]. *Studies in Second Language Acquisition* 37: 197-235.

Clifton, C., M. J. Traxler, M. T. Mohamed, R. S. Williams, R. K. Morris & K. Rayner. 2003. The use of thematic role information in parsing: Syntactic processing autonomy revisited [J]. *Journal of Memory and Language* 49: 317-334.

Dell, G. S. & F. Chang. 2014. The P-chain: Relating sentence production and its disorders to comprehension and acquisition [J]. *Philosophical Transactions of the Royal Society B* 369: 20120394. doi: 10.1098/rstb.2012.0394.

Ellis, N. C. 2015. Implicit and explicit language learning: Their dynamic interface and complexity [A]. In P. Rebuschat (ed.). *Implicit and Explicit Learning of Languages* [C]. Amsterdam: John Benjamins. 1-24.

Ellis, N. C. & S. Wulff. 2015. Usage-based approaches to SLA [A]. In B. VanPatten & J. Williams (eds.). *Theories in Second Language Acquisition* (2nd Ed.) [C]. New York: Routledge. 75-93.

Ferreira, V. S., K. Bock, M. P. Wilson & N. J. Cohen. 2008. Memory for syntax despite amnesia [J]. *Psychological Science* 19: 940-946.

Fine, A. B., T. F. Jaeger, T. A. Farmer & T. Qian. 2013. Rapid expectation adaptation during syntactic comprehension [J]. *PLoS ONE* 8: e77661. doi: 10.1371/journal.pone.0077661.

Fraundorf, S. H. & T. F. Jaeger. 2016. Readers generalize adaptation to newly-encountered dialectal structures to other unfamiliar structures [J]. *Journal of Memory and Language* 91: 28-58.

Fujita, H. & I. Cunnings. 2021. Lingering misinterpretation in native and nonnative sentence processing: Evidence from structural priming [J]. *Applied Psycholinguistics* 42: 475-504.

Grüter, T., Y. A. Zhu, C. N. Jackson & E. Kaan. 2021. Forcing prediction increases priming and adaptation in second language production [A]. In E. Kaan & T. Grüter (eds.). *Prediction in Second Language Processing and Learning* [C]. Amsterdam: John Benjamins. 207-232.

Hartsuiker, R. J., S. Bernolet, S. Schoonbaert, S. Speybroeck & D. Vanderelst. 2008. Syntactic priming persists while the lexical boost decays: Evidence from written and spoken dialogue [J]. Journal of Memory and Language 58: 214-238.

Hwang, H. & J.-A. Shin. 2019. Cumulative effects of syntactic experience in a between- and a within-language context: Evidence for implicit learning [J]. *Journal of Memory and Language* 109: 104054. doi: 10.1016/j.jml.2019.104054.

Hwang, H., J.-A. Shin. & R. J. Hartsuiker. 2018. Late bilinguals share syntax unsparingly between L1 and L2: Evidence from crosslinguistically similar and different constructions [J]. *Language Learning* 68: 177-205.

Jacob, G. & C. Felser. 2016. Reanalysis and semantic persistence in native and non-native garden-path recovery [J]. *Quarterly Journal of Experimental Psychology* 69: 907-925.

Jackson, C. N. 2018. Second language structural priming: A critical review and directions for future research [J]. *Second Language Research* 34: 539-552.

Jaeger, T. F. & N. E. Snider. 2013. Alignment as a consequence of expectation adaptation: Syntactic priming is affected by the prime's prediction error given both prior and recent experience [J]. *Cognition* 127: 57-83.

Kaschak, M. P. & A. M. Glenberg. 2004. This construction needs learned [J]. *Journal of Experimental Psychology: General* 133: 450-467.

Kaschak, M. P., T. J. Kutta & C. Schatschneider. 2011. Long-term cumulative structural priming persists for (at least) one week [J]. *Memory and Cognition* 39: 381-388.

Kaschak, M. P., T. J. Kutta & J. M. Coyle. 2014. Long and short term cumulative structural priming effects [J]. Language, Cognition and Neuroscience 29: 728-743.

Kim, K. M. & A. Godfroid. 2023. The interface of explicit and implicit second-language knowledge: A longitudinal study [J]. *Bilingualism: Language and Cognition* 26: 709-723.

McDonough, K. 2011. Eliciting *wh*-questions through collaborative syntactic priming activities during peer interaction [A]. In P. Trofimovich & K. McDonough (eds.). *Applying Priming Methods to L2 Learning, Teaching and Research: Insights from Psycholinguistics* [C]. Amsterdam: John Benjamins. 131-151.

McDonough, K. & A. Fulga. 2015. The detection and primed production of novel constructions [J]. *Language Learning* 65: 326-357.

McDonough, K. & Y. Kim. 2009. Syntactic priming, type frequency, and EFL learners' production of *wh*-questions [J]. *The Modern Language Journal* 93: 386-398.

McDonough, K. & P. Trofimovich. 2015. Structural priming and the acquisition of novel form-meaning mappings [A]. In T. Cadierno & S. W. Eskildsen. (eds.). *Usage-Based Perspectives on Second Language Learning* [C]. Berlin: De Gruyter. 105-124.

Nitschke, S., E. Kidd & L. Serratrice. 2010. First language transfer and long-term structural priming in comprehension [J]. *Language and Cognitive Processes* 25: 94-114.

Nitschke, S., L. Serratrice & E. Kidd. 2014. The effect of linguistic nativeness on structural priming in comprehension [J]. *Language, Cognition and Neuroscience* 29: 525-542.

Prasad, G. & T. Linzen. 2021. Rapid syntactic adaptation in self-paced reading: Detectable, but only with many participants [J]. *Journal of Experimental Psychology: Learning, Memory, and Cognition* 47: 1156-1172.

Pickering, M. J. & H. P. Branigan. 1998. The representation of verbs: Evidence from syntactic priming in language production [J]. *Journal of Memory and Language* 39: 633-651.

Pickering, M. J. & V. S. Ferreira. 2008. Structural priming: A critical review [J]. *Psychological Bulletin* 134: 427-459.

Rebuschat, P. (ed.). 2015. *Implicit and Explicit Learning of Languages* [C]. Amsterdam: John Benjamins.

Savage, C., E. Lieven, A. Theakston & M. Tomasello. 2006. Structural priming as implicit learning in language acquisition: The persistence of lexical and structural priming in 4-year-olds [J]. *Language Learning and Development* 2: 27-49.

Shin, J.-A. & K. Christianson. 2012. Structural priming and second language learning [J]. *Language Learning* 62: 931-964.

Sturt, P., F. Keller & A. Dubey. 2010. Syntactic priming in comprehension: Parallelism effects with and without coordination [J]. *Journal of Memory and Language* 62: 333-351.

Tomasello, M. 2003. *Constructing a Language: A Usage-Based Theory of Language Acquisition* [M]. Cambridge: Harvard University Press.

Tooley, K. M. & K. Bock. 2014. On the parity of structural persistence in language production and comprehension [J]. *Cognition* 132: 101-136.

Tooley, K. M., M. J. Traxler & T. Y. Swaab. 2009. Electrophysiological and behavioral evidence of syntactic priming in sentence comprehension [J]. *Journal of Experimental Psychology: Learning, Memory, and Cognition* 35: 19-45.

Trofimovich, P. & K. McDonough. (eds.). 2011. *Applying Priming Methods to L2 Learning, Teaching and Research: Insights from Psycholinguistics* [C]. Amsterdam: John Benjamins.

Wang, M., H. Shen, J. E. Boland & H. Wei. 2021. Visual context modulates L2 long-term structural priming for the Chinese *ba* construction [J]. *The Modern Language Journal* 105: 526-551.

Weber, K. & P. Indefrey. 2009. Syntactic priming in German-English bilinguals during sentence comprehension [J]. *NeuroImage* 46: 1164-1172.

Wei, H., J. E. Boland, J. Brennan, F. Yuan, M. Wang & C. Zhang. 2018. Lexicalized structural priming in second language online sentence comprehension [J]. *Second Language Research* 34: 395-416.

Wei, H., J. E. Boland, Z. G. Cai, F. Yuan & M. Wang. 2019. Persistent structural priming during online second-language comprehension [J]. *Journal of Experimental Psychology: Learning, Memory, and Cognition* 45: 349-359.

Wei, H., J. E. Boland, C. Zhang., A. Yang & F. Yuan. 2024. Lexically independent structural priming in second language online sentence comprehension [J]. *Language Learning* 74: 299-331

Zhang, C., S. Bernolet & R. J. Hartsuiker. 2020. The role of explicit memory in syntactic persistence: Effects of lexical cueing and load on sentence memory and sentence production [J]. *PLoS ONE* 15: e0240909. doi: 10.1371/journal.pone.0240909.

王敏，2015，结构启动：二语习得研究的新视角 [J]，《第二语言学习研究》（2）：8-22。

通信地址： 陕西省西安市碑林区咸宁西路28号 西安交通大学外国语学院710049

作者简介： 魏行，西安交通大学外国语学院副教授，博士，研究方向为心理语言学。

Email：weihang2010@126.com。

戈智博，西安交通大学外国语学院硕士研究生，研究方向为心理语言学、二语习得。

Email：zhiboge00@163.com。

（文字编辑：蔡金亭）

语料输入特征对语言统计学习的影响*

华南师范大学 陈 瑶 陈若琳 李 利

提要：统计学习是基于输入提取规则的认知机制，对加工语言中的规则至关重要。因此，语言与统计学习间的关系备受关注。基于语言规则的统计学习为语言统计学习，而作为语言规则的载体，语料输入特征对语言统计学习的影响得到的关注较少，对此问题的探讨有助于设计符合学习者认知加工的语料，提高学习者对语言统计规则的敏感度，进而促进语言学习。本文主要从语料输入的转接概率、复杂度和频数分布三个维度来对相关研究进行评述，发现上述维度对母语和二语统计学习存在不同程度的促进作用。最后，文章从统计学习机制多元论出发，提出未来研究可结合输入特征和个体认知成分，采用行为和认知神经技术进一步探索语料输入特征影响语言统计学习的认知神经机制，并关注这种影响背后的普遍性和特异性。

关键词：统计学习；语料输入特征；语言习得；语言规则；认知神经机制
DOI:10.20054/j.cnki.sllr.2023.17.008

1. 引言

统计学习是基于环境输入提取潜在规则的一种认知机制（Arciuli 2017）。该概念源于 Saffran *et al.*（1996）的一项研究，此研究向婴儿呈现由固定音节组（每组包含三个音节）构成的连续语音流（如 bidaku，golabu 和 padoti 等），语音流的音节组间存有规则，即转接概率（transitional probability），指的是基于前一个成分出现的条件下，一个成分会出现的条件概率，音节组内的概率为 1，组间概率为 0.33，非组合的概率为 0。结果发现婴儿对概率越大的音节组反应越快，表明婴儿能根据语音流中的规则提取与习得语言。随后，学界对统

* 本研究获得广东省学位与研究生教育改革研究项目 “国际中文教育硕士汉字教学胜任力现状调查与培养建议”（项目编号：2023JGXM_042）资助。

计学习展开大量探讨，常用范式主要包括统计学习范式和人工语言范式。统计学习范式包括学习阶段和测试阶段，学习阶段让受试反复接触含有统计规则的输入，随后受试需在测试阶段完成二选一迫选测试以测量统计学习水平。人工语言范式同样包括学习阶段和测试阶段，学习阶段向受试呈现由潜在规则所限定的人工序列，随后受试需在测试阶段判断当前呈现的新序列的规则是否与学习阶段提取的规则相符，判断的准确率为统计学习表现。

学界对统计学习机制的认识经历了从单元论到多元论的演变。起初，研究者发现不同输入的加工进程（例如语言和音乐）均涉及统计学习，由此认为统计学习以单一的运算机制加工不同类型的输入。然而随着更多研究的推进，研究者发现个体在加工不同类型的输入时会采用不同的运算机制（Frost *et al.* 2015；Mitchel & Weiss 2011）。随后，单元论遭到质疑，多元论得到关注。Siegelman & Frost（2015）从输入特征角度出发，将统计学习机制按照输入信息类别（语言 / 非语言）、通道（听觉 / 视觉）和转接概率类型①（邻近 / 非邻近）分为三个层面的机制，认为不同类型的输入特征会调节不同的统计学习机制。Arciuli（2017）从认知成分角度出发，认为统计学习机制受到多种认知成分的支持，例如认知控制、注意力、加工速度和记忆。Conway（2020）则整合输入特征和认知成分两个维度，提出统计学习机制包括两套机制。一套基于感知觉加工，主要加工简单输入的统计线索，例如视觉输入激活视觉皮层，听觉输入激活听觉皮层；而另一套基于注意和控制，主要加工复杂输入的规则，激活的脑区主要是前额叶皮层和顶叶皮层。由此可见，统计学习机制主要受到输入特征和个体认知成分的调节与限制。

统计学习与语言之间存在紧密关联。语言蕴含复杂规则，而个体可以通过统计学习机制提取输入中的潜在规则，由此学界认为统计学习可能是语言加工与习得的一种重要机制（Christiansen 2019；徐贵平等 2020）。此观点也从多项研究中得到验证，统计学习的个体差异研究发现统计学习能力可预测多维度语言学习表现（Arciuli 2018；Hung *et al.* 2018；Kidd & Arciuli 2016；Mainela-Arnold & Evans 2014；Qi *et al.* 2019）。历时研究发现婴幼儿时期的统计学习能力可预测后期的语言能力发展（Shafto *et al.* 2012；Van Der Kleij *et al.* 2019）。关注语言障碍群体的研究发现，语言能力存有障碍的个体在统计学习能力上也存在缺陷（Mainela-Arnold & Evans 2014；Saffran 2018）。认知神经科学层面的研究也发现，统计学习与语言加工的神经机制相似，甚至部分重合（Christiansen *et al.* 2012；Karuza *et al.* 2013）。还有研究发现，对个体实施提高统计学习能力的训练方案，例如计算机统计学习训练，或对统计学习相关脑区（例如布洛卡区，尤其是 BA44 和 BA45 区）施加 TMS 神经刺激，可以在提高统计学习能力的同时，提高个体的语言能力（Smith *et al.* 2015；Uddén *et al.* 2017）。根据上述研究，统计学习似乎在语言加工和习得中扮演了关键的角色，而语言统计学习则是依赖于语言规则的统计学习过程，这一过程对语言学习至关重要（Deocampo *et al.* 2018；Siegelman 2020）。

目前，语言统计学习的相关研究多关注统计学习机制本身（Kidd & Arciuli 2016；Qi *et al.* 2019），较少关注语言规则（即语料输入特征）对语言统计学习的影响。对于语言习得而言，学界主要关注的是母语与二语习得。根据统计学习机制多元论可知，输入特征可调节统计学习机制，对语言统计学习的影响不容小觑。对此话题的探讨，一来有助于了解和设计提高个体对统计规则敏感度的语料，进而促进个体的语言学习表现；二来可增进对统计学习机制多元论的认识。因此，本文旨在从转接概率、复杂度和频数分布三个维度对语料输入特征的相关研究进行综述，探讨不同语料输入特征对母语和二语统计学习的影响，并借助统计学习机制的多元视角，试图提出未来研究的展望。

2. 语料输入特征对语言统计学习的影响

2.1 语料输入转接概率对语言统计学习的影响

转接概率，作为统计线索的一种重要形式，其对统计学习的影响一直备受关注。Plante *et al.*（2015）采用统计学习范式考察含有转接概率和不含转接概率的语料输入对语言统计学习相关脑机制的影响。结果发现受试在学习含有转接概率的输入时所激活的脑区较为广泛，主要包括颞上回、颞叶后部和颞叶—顶叶—枕叶联结区，而当受试学习不含有转接概率的输入时，激活的脑区则较为局限，仅激活了颞上回区域。该结果意味着存在转接概率的输入可以更大程度地激活和调用神经资源，表明语料输入中转接概率的存在与否会影响与语言统计学习相关的脑激活模式。

然而，在自然语言中多数语言成分间的转接概率并非有或无，而是有着不同程度的概率数值，因此将研究的关注点从有无转接概率转移到概率数值将更有利于探讨语言统计学习的认知机制（Soares *et al.* 2020）。Endress & Mehler（2009）、Bogaerts *et al.*（2016）以及 Karaman & Hay（2018），采用统计学习范式探讨输入中转接概率数值的高低对成人和婴儿统计学习表现的影响，结果一致发现转接概率数值越高，受试的语言统计学习表现越佳，个体对转接概率数值高的输入更为敏感。然而在上述研究中所关注的离线指标并不能很好地反映统计学习规则提取的在线进程，因此，Soares *et al.*（2020）和 Soares *et al.*（2022）采用 ERP 技术对此进行探讨。研究发现无论是对于儿童母语习得还是成人二语习得，转接概率数值高的词汇均能比数值低的词汇诱发更大的 N400

成分，意味着数值高的词汇规则更易提取与习得，进一步表明转接概率的数值能调节与语言统计学习相关的认知神经机制，并且这种调节效应并不会受到个体年龄的影响。

此外，转接概率类型也会对语言统计学习产生影响。转接概率分为邻接依存和非邻接依存，邻接依存指的是两个成分相邻共现，而非邻接依存指的是两个成分中间隔着其他成分共现。Deocampo *et al.*（2018）采用人工语言范式探讨两种类型的转接概率对二语统计学习的影响，结果发现邻接依存的语言规则更易被习得，而非邻接依存则会增加语言规则习得的难度。但是由于自然语言中非邻接依存所占的比例更大，因此非邻接依存更能预测个体的二语句法习得水平。随后，Conway *et al.*（2020）同样采用人工语言范式探讨语料输入规则转接概率类型对二语统计学习相关神经机制的影响，结果发现邻接依存主要激活的是枕叶皮层和前额叶皮层等感知觉皮层，依赖于工作记忆和注意力，而非邻接依存主要激活的是前扣带回皮层等与认知控制相关的皮层，依赖于认知控制与抑制。这表明，转接概率类型的差异会调节与二语统计学习相关的神经机制。

综上，语料输入转接概率存在与否、概率数值以及概率类型均会对母语和二语统计学习的认知神经机制产生影响。具体而言，转接概率数值越高或概率类型为邻接依存时，个体对语料输入更为敏感，更易习得潜在规则，并且此类影响不会受到个体年龄的调节。概率信息是母语和二语加工与习得的重要线索，增加信息的丰富度可促进语言加工与习得。

2.2 语料输入复杂度对语言统计学习的影响

Starting small 假说认为简单的语料有益于提高语言学习效率（Elman *et al.* 1996）。为了考察该假说是否适用于语言统计学习，Lukics & Lukács（2019）采用人工语言范式考察语料输入复杂度（句子的长度）对成人二语统计学习表现的影响，结果发现简短的语料更有利于个体对规则的提取与掌握。然而，语料长度只是衡量语言复杂度的其中一个维度，语言结构难度是衡量复杂度的另一个重要指标。Jost *et al.*（2019）采用人工语言范式考察语法复杂度（语法难度）对二语统计学习的影响，结果发现语法复杂度越低（即输入越简单），越能促进二语语法规则的习得，并延长二语语法规则记忆的时限。Loukatou *et al.*（2022）采用计算建模探讨词汇形态复杂度对婴儿母语统计学习的影响，发现词汇形态越简单，计算机语言习得的效果则越佳。以上结果表明，相较于复杂的语言结构，简单的结构更有利于语言习得，且这种结果不会受到个体年龄的影响。

此外，Lai & Poletiek（2011）采用人工语言范式探索语法输入复杂度呈现顺序（即语言难度呈现顺序，包含简单到复杂顺序及随机顺序）对二语统计学习的影响，结果发现以简单到复杂顺序呈现的输入更有利于促进个体的二语语法习得。但个体必须在二语习得初期接触足够多的简单语法结构，才能在简单到复杂的顺序条件下获得良好的学习效果。随后，Lai & Poletiek（2013）结合复杂结构频次分布因素（简单结构比例大 / 简单结构比例小），采用人工语言范式进一步探讨语法输入复杂度呈现顺序（简单到复杂 / 简单到复杂且难度逐渐提升 / 随机顺序）对二语统计学习的影响，结果发现在输入复杂度从低到高逐步提升且简单结构比例大的条件下，个体的二语语法学习效果最佳。以上研究表明，简短与简单结构，或由简单到复杂的呈现顺序能有效促进二语统计学习。这种促进效应是否会受到如语料呈现通道等其他因素的影响？为此，Poletiek *et al.*（2018）在 Lai & Poletiek（2011，2013）的研究基础上，采用人工语言范式研究了不同通道（视觉通道 / 听觉通道）如何影响输入复杂度呈现顺序对二语语法规则习得的促进效应。最终发现无论何种通道，简单到复杂的呈现顺序均能有效地促进个体对二语语法规则的习得。

综上，语料输入复杂度（包括语料长度和语言结构难度）、复杂度呈现顺序以及复杂结构频次分布等因素均能稳定地对语言统计学习产生影响。具体而言，语料输入越简单或呈现顺序是由简单到复杂时，个体对语料潜在规则的敏感程度越高。目前的研究结果支持了 Starting small 假说。但是，简单的语言输入为何能够促进语言统计学习？该促进效应是否会受到个体年龄之外的影响因素的调节？这背后的作用机制仍有待进一步探讨。

2.3 语料输入频数分布对语言统计学习的影响

Gómez（2002）提出语言结构信息熵的提升，即含有相同语言规则但不同语言表层结构的语料输入更有助于学习者将提取的规则推广到含有此规则的新项目解码中，从而促进个体的语言规则习得。Matthews & Bannard（2010）进而提出语料输入的频数分布是调节信息熵的主要因素，频数分布分为平衡分布和偏态分布。平衡分布指的是语料中的词汇出现频数均等，而偏态分布指的是部分词汇出现频数高而其他词汇出现频数低。何种频数分布更能促进语言统计学习？相关研究采用人工语言范式对此加以探索，但由于研究中采用的人工语言类型及任务类型不同，目前未能得出一致结论。

在基于母语体系的人工语言研究中，研究者发现偏态分布更有益于个体在语言理解任务中对语法规则的提取（Casenhiser & Goldberg 2005；Wonnacott *et al.* 2017）。在此基础上，Goldberg *et al.*（2007）进一步探讨偏态分布呈现顺序对语言统计学习的影响，研究结果发现出现频数最高的语料在初期密集呈现较之于随即呈现更能促进个体对母语规则的提取。基于此，研究者认为偏态分布对类似母语的语言统计学习存在优势，由于语言分布服从偏态分布（Ellis & Ferreira-Junior 2009），高度重复的语例有助于个体发现潜在的语言规则。

然而，在基于二语体系的人工语言研究中，研究者发现截然相反的结果，平衡分布的语料更有利于促进个体在二语产出任务中规则的提取与习得（Nakamura 2012；Zhang & Dong 2016，2019）。这种优势不仅局限于语法构式习得，还能推广至词法习得。例如 Brooks *et al.*（2017）采用人工语言范式考察输入频数的平衡与偏态分布对二语词法结构习得的影响，结果发现词汇均匀分布的语料输入可促进个体对二语词法规则的统计学习。研究者认为，语料的平衡分布可减少语言表层结构的可预测性，提高语言项目中的信息熵，进而促进二语语言结构的习得和二语语言规则的灵活应用。上述研究结果表明语料输入频数分布在一定程度上影响二语统计学习，但也有研究得出与之相悖的结论。例如 Hu & Maechtle（2021）发现平衡分布与偏态分布均不会对二语构式习得产生影响，该研究仅发现个体差异因素对二语构式习得的影响。

整体而言，在不同语言情境下，输入频数对语言统计学习的影响存在差异，偏态分布促进母语习得，而平衡分布促进二语习得。然而，输入频数分布能否影响语言统计学习？哪种频数分布更能促进母语与二语统计学习？频数分布的促进效应是否受到其他因素的调节？上述问题仍有待探讨。

3. 研究展望

目前相关研究主要从转接概率、复杂度和频数分布三个维度探索语料输入特征对母语和二语统计学习的影响，结果发现不同维度特征对语言统计学习均存在影响。然而上述研究多从统计学习机制单元论角度出发，仅关注单维度输入特征，忽略多维度输入特征和认知成分的影响。未来研究可从多元论视角出发，结合输入特征的其他维度和个体认知成分因素，采用多种研究技术，进一步全面探讨语料输入特征影响语言统计学习的认知神经机制，以及这种影响机制背后的普遍性和特异性。

3.1 语料输入特征对语言统计学习影响机制的深入探讨

尽管对于本文所评述的三个维度已有不少成果，但现存的研究仅讨论了这些维度能否影响语言统计学习，仍未探讨这种影响是否会受到其他因素的调节，亦未有探讨这些维度如何影响语言统计学习，导致现有的结果未能全面揭示语料输入特征影响语言统计学习的认知机制，未来研究可对此进一步探索。

例如，目前关注转接概率和复杂度的研究仅探讨了语法层面和词汇层面的统计学习，转接概率和复杂度是否也能影响语音和语义层面的统计学习？如果转接概率和复杂度对不同语言层次的统计学习有稳定的影响，那么这种影响是否会受到其他因素的调节？对于频数分布，可探讨的空间则更大。如上文所述，频数分布在母语和二语的统计学习中呈现不同的结果模式，未来研究可邀请受试同时完成含有不同频数分布条件的母语和外语统计学习任务，观察目前的争议是否来源于不同的语言学习情境，进而丰富我们对语料输入特征如何影响母语和二语统计学习的了解。

此外，目前研究仅考察了单维特征对语言统计学习的影响，少有研究综合考量不同维度如何交互影响语言统计学习（Lukics & Lukács 2022）。在个别关注多维输入特征的交互对语言统计学习影响的研究中发现，多维特征的交互会带来有别于单维特征的结果（Conway & Christiansen 2009；Lukics & Lukács 2022）。未来研究可以关注多维特征的交互是否以及如何影响母语和二语统计学习，以及这种影响是否在母语和二语习得情境中有不同的模式。

另外，目前研究的关注点侧重于行为数据，鲜有研究从脑科学的角度展开探讨。据笔者所知，仅有 Plante *et al.*（2015）和 Conway *et al.*（2020）采用 fMRI 技术，探讨输入转接概率对二语统计学习相关的脑激活模式的影响。目前有关语料输入特征其他维度如何影响母语和二语统计学习神经机制的研究仍较为匮乏。采用认知神经技术探讨此问题，可以从神经机制角度阐释语料输入如何以及为何影响语言统计学习，并且可以查看这种影响是否在母语和二语习得情境下呈现不同的神经机制。未来，我们可以结合多模态数据采集技术（如 fMRI、ERP 和 DTI）来研究语料输入特征和其交互对母语和二语统计学习相关脑活动和脑连接的影响。同时，整合行为和认知神经方法，以母语和二语习得研究为基础，逐步建立一个基于脑—行为数据的理论模型，探讨语料输入特征对语言统计学习的影响。

3.2 语料输入特征影响语言统计学习的普遍性与特异性

根据统计学习机制多元论可知，输入特征和认知成分能调节统计学习机制（Arciuli 2017；Conway 2020），意味着语料输入特征和个体认知成分的交互会影响母语和二语的统计学习表现。然而，根据文献梳理，并非所有维度对语言统计学习的影响都会受到个体认知成分的调节，例如转接概率和输入复杂度对语言统计学习的影响不受个体年龄的调节，语料输入特征对语言统计学习的影响可能存在普遍性和特异性。

目前研究多关注输入特征对语言统计学习的影响，对这种影响的普遍性和特异性的探讨仍较少。Arciuli & Simpson（2011）综合考察语料输入时长和受试年龄因素对非语言统计学习的影响，结果并未发现两者对统计学习产生交互影响。但是，跟非语言输入不同，语言加工与习得深受个体认知成分的限制，例如个体在语言习得年龄、语言赋能和工作记忆容量等方面的差异会导致语言学习上的差异（Wen *et al.* 2017；Schulz & Grimm 2019），这种限制还会受到母语习得和二语习得的调节，因此结合个体认知成分因素对语言统计学习的探讨可能会得出不一样的结果。后续研究可考察个体认知成分因素能否以及如何调节语料输入特征对母语和二语统计学习的影响，特别是上文提到的支持统计学习机制的认知成分，例如认知控制、注意力、记忆和加工速度。由此，便可进一步考察转接概率和输入复杂度对母语和二语统计学习的影响是否受到除个体年龄之外的其他个体认知因素的调节。若存在调节，哪些因素的调节作用更强，以及相关因素如何产生调节。

4. 结语

本文主要从转接概率、复杂度和频率频数分布三个角度对相关研究进行了梳理，探讨了语料输入特征对母语和二语统计学习的影响。研究发现，不同维度特征对语言统计学习产生了不同程度的影响。例如，转接概率和复杂度能稳定地促进母语与二语习得。然而，频率频数分布则对母语与二语习得有着不同的促进作用，揭示了进一步研究的必要性。展望未来，研究可以从统计学习机制的多元论视角出发，将输入特征的其他维度与个体认知成分因素结合起来，采用多种研究技术，更全面地研究语料输入特征如何影响母语和二语统计学习的认知神经机制。同时，还可以探究这种影响机制的普遍性和特异性。一方面，相关研究能够揭示不同的个体认知因素能否为输入特征对母语和二语统计学习的影响产生调节作用，从而有助于深入了解哪种类型的语料能够促进母语和二语习得者的学习表现。另一方面，研究成果还可以应用于人工智能教育领域，使机器人能够根据学习者的个体差异提供更具针对性的语料，从而在人工智能辅助教育中实现因材施教的目标。

参考文献

Arciuli, J. 2017. The multi-component nature of statistical learning [J]. *Philosophical Transactions of the Royal Society B* 372: 20160058. doi: 10.1098/rstb.2016.0058.

Arciuli, J. 2018. Reading as statistical learning [J]. *Language, Speech, and Hearing Services in Schools* 49: 634-643.

Arciuli, J. & I. C. Simpson. 2011. Statistical learning in typically developing children: The role of age and speed of stimulus presentation [J]. *Developmental Science* 14: 464-473.

Bogaerts, L., N. Siegelman & R. Frost. 2016. Splitting the variance of statistical learning performance: A parametric investigation of exposure duration and transitional probabilities [J]. *Psychonomic Bulletin & Review* 23: 1250-1256.

Brooks, P. J., N. Kwoka & V. Kempe. 2017. Distributional effects and individual differences in L2 morphology learning [J]. *Language Learning* 67: 171-207.

Casenhiser, D. & A. E. Goldberg. 2005. Fast mapping between a phrasal form and meaning [J]. *Developmental Science* 8: 500-508.

Christiansen, M. H. 2019. Implicit statistical learning: A tale of two literatures [J]. *Topics in Cognitive Science* 11: 468-481.

Christiansen, M. H., C. M. Conway & L. Onnis. 2012. Similar neural correlates for language and sequential learning: Evidence from event-related brain potentials [J]. *Language and Cognitive Processes* 27: 231-256.

Conway, C. M. 2020. How does the brain learn environmental structure? Ten core principles for understanding the neurocognitive mechanisms of statistical learning [J]. *Neuroscience & Biobehavioral Reviews* 112: 279-299.

Conway, C. M. & M. H. Christiansen. 2009. Seeing and hearing in space and time: Effects of modality and presentation rate on implicit statistical learning [J]. *European Journal of Cognitive Psychology* 21: 561-580.

Conway, C. M., L. Eghbalzad, J. A. Deocampo, G. N. L. Smith, S. Na & T. Z. King. 2020. Distinct neural networks for detecting violations of adjacent versus nonadjacent sequential dependencies: An fMRI study [J]. *Neurobiology of Learning and Memory* 169: 107175. doi: 10.1016/j.nlm.2020.107175.

Deocampo, J. A., G. N. L. Smith, W. G. Kronenberger, D. B. Pisoni & C. M. Conway. 2018. The role of statistical learning in understanding and treating spoken language outcomes in deaf children with cochlear implants [J]. *Language, Speech, and Hearing Services in Schools* 49: 723-739.

Ellis, N. C. & F. Ferreira-Junior. 2009. Construction learning as a function of frequency, frequency distribution, and function [J]. *The Modern Language Journal* 93: 370-385.

Elman, J. L., E. A. Bates, M. H. Johnson, A. Karmiloff-Smith, D. Parisi & K. Plunkett. 1996. *Rethinking Innateness: A Connectionist Perspective on Development* [M]. Cambridge: The MIT Press.

Endress, A. D. & J. Mehler. 2009. The surprising power of statistical learning: When fragment knowledge leads to false memories of unheard words [J]. *Journal of Memory and Language* 60: 351-367.

Frost, R., B. C. Armstrong, N. Siegelman & M. H. Christiansen. 2015. Domain generality versus modality specificity: The paradox of statistical learning [J]. *Trends in Cognitive Sciences* 19: 117-125.

Goldberg, A. E., D. Casenhiser & T. R. White. 2007. Constructions as categories of language [J]. *New Ideas in Psychology* 25: 70-86.

Gómez, R. L. 2002. Variability and detection of invariant structure [J]. *Psychological Science* 13: 431-436.

Hu, C.-F. & C. Maechtle. 2021. Construction learning by child learners of foreign language: Input distribution and learner factors [J]. *The Modern Language Journal* 105: 335-354.

Hung, Y.-H., S. J. Frost & K. R. Pugh. 2018. Domain generality and specificity of statistical learning and its relation with reading ability [A]. In T. Lachmann & T. Weis (eds.). *Reading and Dyslexia: From Basic Functions to Higher Order Cognition* [C]. New York: Springer. 33-55.

Jost, E., K. Brill-Scheutz, K. Morgan-Short & M. H. Christiansen. 2019. Input complexity affects long-term retention of statistically learned regularities in an artificial language learning task [J]. *Frontiers in Human Neuroscience* 13: 358. doi: 10.3389/fnhum.2019.00358.

Karaman, F. & J. F. Hay. 2018. The longevity of statistical learning: When infant memory decays, isolated words come to the rescue [J]. *Journal of Experimental Psychology: Learning, Memory, and Cognition* 44: 221-232.

Karuza, E. A., E. L. Newport, R. N. Aslin, S. J. Starling, M. E. Tivarus & D. Bavelier. 2013. The neural correlates of statistical learning in a word segmentation task: An fMRI study [J]. *Brain and Language* 127: 46-54.

Kidd, E. & J. Arciuli. 2016. Individual differences in statistical learning predict children's comprehension of syntax [J]. *Child Development* 87: 184-193.

Lai, J. & F. H. Poletiek. 2011. The impact of adjacent-dependencies and staged-input on the learnability of center-embedded hierarchical structures [J]. *Cognition* 118: 265-273.

Lai, J. & F. H. Poletiek. 2013. How "small" is "starting small" for learning hierarchical centre-embedded structures? [J]. *Journal of Cognitive Psychology* 25: 423-435.

Loukatou, G., S. Stoll, D. Blasi & A. Cristia. 2022. Does morphological complexity affect word segmentation? Evidence from computational modeling [J]. *Cognition* 220: 104960. doi: 10.1016/j.cognition.2021.104960.

Lukics, K. S. & Á. Lukács. 2019. Infant-directed speech effects in adult artificial grammar learning [OL]. https://doi.org/10.31234/osf.io/zkdhw (accessed 16/6/2022).

Lukics, K. S. & Á. Lukács. 2022. Modality, presentation, domain and training effects in statistical learning [J]. *Scientific Reports* 12: 20878. doi: 10.1038/s41598-022-24951-7.

Mainela-Arnold, E. & J. L. Evans. 2014. Do statistical segmentation abilities predict lexical-phonological and lexical-semantic abilities in children with and without SLI? [J]. *Journal of Child Language* 41: 327-351.

Matthews, D. & C. Bannard. 2010. Children's production of unfamiliar word sequences is predicted by positional variability and latent classes in a large sample of child-directed speech [J]. *Cognitive Science* 34: 465-488.

Mitchel, A. D. & D. J. Weiss. 2011. Learning across senses: Cross-modal effects in multisensory statistical learning [J]. *Journal of Experimental Psychology: Learning, Memory, and Cognition* 37: 1081-1091.

Nakamura, D. 2012. Input skewedness, consistency, and order of frequent verbs in frequency-driven second language constructional learning: A replication and extension of Casenhiser and Goldberg (2005) to adult second language acquisition [J]. *International Review of Applied Linguistics in Language Teaching* 50: 1-37.

Plante, E., D. Patterson, R. Gómez, K. R. Almryde, M. G. White & A. E. Asbjørnsen. 2015. The nature of the language input affects brain activation during learning from a natural language [J]. *Journal of Neurolinguistics* 36: 17-34.

Poletiek, F. H., C. M. Conway, M. R. Ellefson, J. Lai, B. R. Bocanegra & M. H. Christiansen. 2018. Under what conditions can recursion be learned? Effects of starting small in artificial grammar learning of center-embedded structure [J]. *Cognitive Science* 42: 2855-2889.

Qi, Z., Y. Sanchez Araujo, W. C. Georgan, J. D. E. Gabrieli & J. Arciuli. 2019. Hearing matters more than seeing: A cross-modality study of statistical learning and reading ability [J]. *Scientific Studies of Reading* 23: 101-115.

Saffran, J. R. 2018. Statistical learning as a window into developmental disabilities [J]. *Journal of Neurodevelopmental Disorders* 10: 35. doi: org/10.1186/s11689-018-9252-y.

Saffran, J. R., R. N. Aslin & E. L. Newport. 1996. Statistical learning by 8-month-old infants [J]. *Science* 274: 1926-1928.

Schulz, P. & A. Grimm. 2019. The age factor revisited: Timing in acquisition interacts with age of onset in bilingual acquisition [J]. *Frontiers in Psychology* 9: 2732. doi: 10.3389/fpsyg.2018.02732.

Shafto, C. L., C. M. Conway, S. L. Field & D. M. Houston. 2012. Visual sequence learning in infancy: Domain-general and domain-specific associations with language [J]. *Infancy* 17: 247-271.

Siegelman, N. 2020. Statistical learning abilities and their relation to language [J]. *Language and Linguistics Compass* 14: e12365. doi: 10.1111/lnc3.12365.

Siegelman, N. & R. Frost. 2015. Statistical learning as an individual ability: Theoretical perspectives and empirical evidence [J]. *Journal of Memory and Language* 81: 105-120.

Smith, G. N. L., C. M. Conway, A. Bauernschmidt & D. B. Pisoni. 2015. Can we improve structured sequence processing? Exploring the direct and indirect effects of computerized training using a mediational model [J]. *PLoS ONE* 10: e0127148. doi: 10.1371/journal.pone.0127148.

Soares, A. P., F.-J. Gutiérrez-Domínguez, A. Lages, H. M. Oliveira, M. Vasconcelos & L. Jiménez. 2022. Learning words while listening to syllables: Electrophysiological correlates of statistical learning in children and adults [J]. *Frontiers in Human Neuroscience* 16: 805723. doi: 10.3389/fnhum.2022.805723.

Soares, A. P., F.-J. Gutiérrez-Domínguez, M. Vasconcelos, H. M. Oliveira, D. Tomé & L. Jiménez. 2020. Not all words are equally acquired: Transitional probabilities and instructions affect the electrophysiological correlates of statistical learning [J]. *Frontiers in Human Neuroscience* 14: 577991. doi: 10.3389/fnhum.2020.577991.

Uddén, J., M. Ingvar, P. Hagoort & K. M. Petersson. 2017. Broca's region: A causal role in implicit processing of grammars with crossed non-adjacent dependencies [J]. *Cognition* 164: 188-198.

Van Der Kleij, S. W., M. A. Groen, E. Segers & L. Verhoeven. 2019. Sequential implicit learning ability predicts growth in reading skills in typical readers and children with dyslexia [J]. *Scientific Studies of Reading* 23: 77-88.

Wen, Z., A. Biedroń & P. Skehan. 2017. Foreign language aptitude theory: Yesterday, today and tomorrow [J]. *Language Teaching* 50: 1-31.

Zhang, X. & X. Dong. 2016. Revisiting Zipfian frequency: L2 acquisition of English prenominal past participles [J]. *The Modern Language Journal* 100: 404-427.

Zhang, X. & X. Dong. 2019. Input frequency and construction interference interactions in L2 development [J]. *Second Language Research* 35: 505-527.

温植胜、易保树，2015，工作记忆与二语习得研究的新进展 [J]，《现代外语》（4）：565-574。

徐贵平、范若琳、金花，2020，统计学习的认知神经机制及其与语言的关系 [J]，《心理科学进展》（9）：1525-1538。

通信地址： 510631 广东省广州市天河区中山大道西55号华南师范大学国际文化学院

作者简介： 陈瑶，华南师范大学外国语言文化学院博士、马普所心理语言学研究所博士后，研究方向为心理语言学。

Email：yaochenscnu@gmail.com

陈若琳，华南师范大学国际文化学院硕士研究生，研究方向为心理语言学。

Email：Ruolin75177@163.com

李利，华南师范大学国际文化学院教授、博士生导师，博士，研究方向为心理语言学、汉语二语习得与教学。

Email：liliwrm@126.com

（文字编辑：于梦初）

国外二语句法—语用界面习得研究：生成语法视角*

南开大学　郝俊杰　李　民

提要：自接口假说提出以来，二语句法—语用界面习得研究成为基于生成语法的二语习得研究热点。本文以 Web of Science 上的 SSCI 期刊论文为数据来源，系统梳理了国外二语句法—语用界面习得相关研究。本文发现，二语句法—语用界面习得研究聚焦回指和非常规语序两大语言现象，研究方法上呈现出以心理语言学实验方法为主、语料库方法为辅，同时向神经认知科学探拓的多范式、多维度特征。未来研究可进一步拓展句法—语用界面研究关涉的语言结构和类型，深化二语句法—语用界面习得影响因素的研究以及加强二语句法—语用界面的教学研究。

关键词：句法—语用界面；二语习得；生成语法；接口假说
DOI:10.20054/j.cnki.sllr.2023.17.009

1. 引言

自接口假说（interface hypothesis）（Sorace & Filiaci 2006）提出以来，二语句法—语用界面研究经历了理论引介和实证探索两大阶段，是目前基于生成语法的二语习得研究热点（王初明 2023）。接口假说强调中介语不同语言模块之间的相互联系、交互作用。根据该假说，句法—语用界面的语言结构对二语者存在较大困难，即使是接近母语水平的二语者也难以完全掌握句法—语用界面的语言结构（Sorace 2011）。基于此，国外学者展开了大量研究，探究二

* 本文系国家社会科学基金一般项目“系统哲学视域下的外语教育学学科体系建构研究”（项目编号：19BYY225）、天津市研究生科研创新项目“句法-语用界面视角下中国英语学习者指称表达的理解加工及产出研究”（项目编号：2022SKY025）和南开大学文科发展基金“我国大中小学英语教育衔接研究”(项目编号：ZB21BZ0327)的阶段性研究成果。感谢匿名评审专家和编辑部对拙作提出的宝贵修改建议！

语者句法—语用界面语言结构的习得状况，取得了一些新进展。国内现有研究多以接口假说理论评述为主（如常辉 2014；戴曼纯 2014），或聚焦某一具体语言结构的习得状况（如姜珊、张会平 2023；邵士洋、吴庄 2017；吴明军、潘娟 2017），缺乏对二语句法—语用界面研究的系统梳理，不利于从宏观上把握二语句法—语用界面研究的发展脉络。鉴于此，本研究以 Web of Science 上的 SSCI 期刊论文为来源，梳理二语句法—语用界面习得研究相关文献，呈现其主要发展脉络及研究对象，厘清其主要研究方法，并对未来研究加以展望，以期进一步推动二语句法—语用界面习得领域的研究。

2. 生成语法视角与二语句法—语用界面习得研究

从宏观上看，二语习得研究受语言本体研究的影响，呈现出两大主要研究范式：以生成语法为核心的“基于规则”（rule-based）的研究范式和强调社会—认知作用的“基于使用”（usage-based）的研究范式（Tomasello 2003）。与基于使用的二语习得研究范式不同，基于生成语法的二语习得研究关注二语学习者潜在的语言能力以及如何获得该能力。具体而言，生成语法认为语言学研究应当超越描述性语法（descriptive grammar），关注解释深层次语言能力（underlying linguistic competence）的隐性语法（implicit grammar）（White 2023）。其中，隐性语法由词库、形态、音系、句法、语义模块组成。语法模块并不是单独起作用，而是与语篇、语用相互交织，决定特定语言结构的使用情况（见图 1）。这些不同语言模块之间的互动关系被视作“界面”（interface）（White 2011）。从该角度看，句法—语用界面指的是句法与语用模块之间的互动关系，涉及语言内部和外部语境之间的联系。而二语句法—语用界面研究关注的则是二语者句法—语用界面特定语言结构的习得情况，涉及句法与语用、语篇知识的整合。总之，界面研究在传承以语法为核心的研究基础上，突出强调了各语言模块之间（尤其是语言内部和非语言认知模块）的相互联系和作用

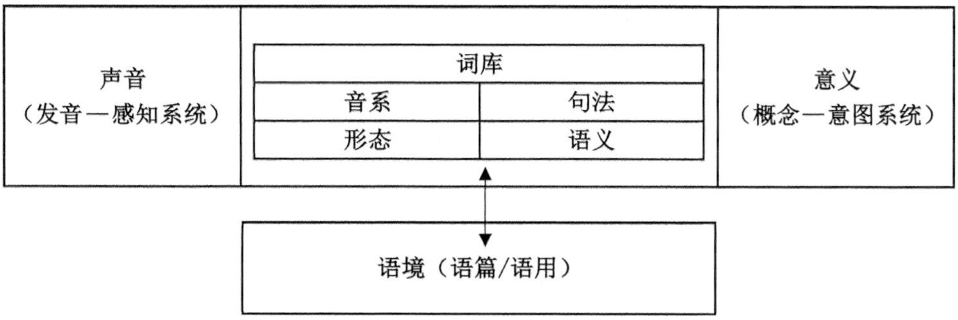

图 1.　语言模块结构示意图（White 2023）

（王初明 2023）。该理论视角顺应了二语习得的认知科学研究范式，有助于揭示二语习得的本质。因此，本研究从生成语法视角出发，对二语句法—语用界面习得相关实证研究展开综述。

3. 研究方法

本研究采用了范围综述（scoping review）方法，在聚焦代表性研究的同时辅以定量分析，以期对所收集的数据进行更加细致的分析。范围综述方法尤其适合研究数量较少，且在研究对象、方法等方面差异较大的话题（Arksey & O'Malley 2005），这与接口假说视角下的二语句法—语用习得研究现状一致。本研究的具体数据收集分析过程如下（见图 2）：

首先，本研究在 Web of Science 上对 SSCI 来源期刊文献进行检索，检索式为 TS=（"syntax-pragmatics interface" OR "syntax-discourse interface"）AND TS=（"second language acquisition"），未设置时间跨度，共获得相关论文 147 篇。文献检索完成时间为 2022 年 12 月 7 日。之后，本文作者仔细阅读了题目、摘要、关键词等信息，进行初步筛查，排除非英文文献、会议论文、书评、综述等 64 篇文章。随后，对全文进行了通读，剔除了母语习得及其他不相关文献 14 篇。此外，在阅读全文的过程中，对部分未检索出的重要文献进行了增补。所增补的 8 篇文献分别发表在 *Second Language Research*、*Studies in Second Language Acquisition* 等重要 SSCI 来源期刊，其研究对象为二语句法—语用界面的语言结构。最后共获得 77 篇有效文献。完成数据收集后，本文两位作者对搜集到的文献进行了编码，主要包括基本信息（作者、标题、发表期刊、发表时间、写作语言）、受试信息（母语背景、目标语种、二语水平）、研究对象（即具体语言结构）、研究方法（研究工具、分析方法）及研究结论（是否支持接口假说）。数据编码由两位研究者独立完成并交叉检验，Kappa 一致性检验结果显示编码信度良好（Cohen's $\kappa = 0.87$）。完成编码后，两位作者对有分歧之处进行讨论，并达成一致。最后，第一作者对所有编码信息进行二次梳理、整合。

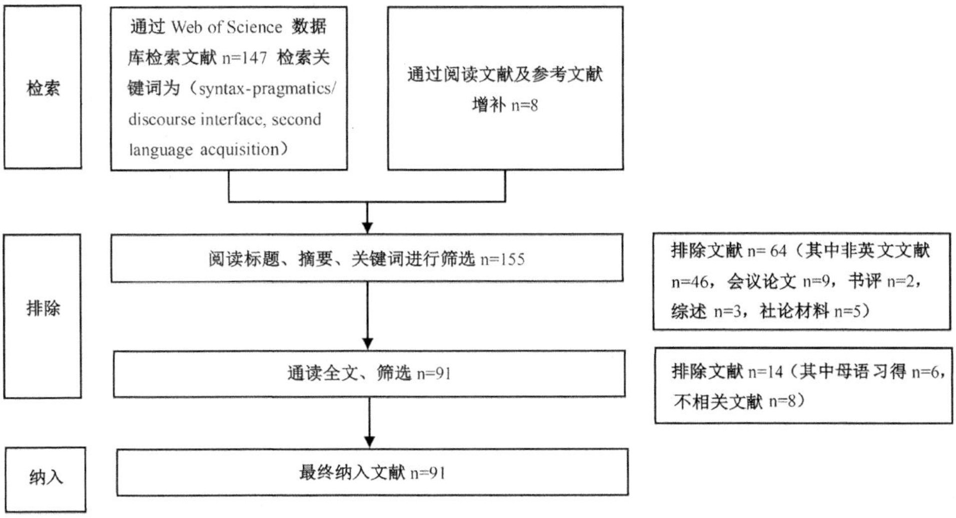

图 2.　文献搜集及筛选过程示意图

4. 研究发现

4.1　二语句法—语用界面习得研究的历时发展

从历时发展来看，自 Sorace & Filiaci（2006）提出接口假说以来，二语句法—语用界面习得研究逐渐成为二语习得研究的热点话题。相关论文发表数量呈波动增长态势（见图 3）。结合论文发表数量的周期性特征，本文将其分为 3 个阶段：理论探索阶段（2006—2012），实证考察阶段（2013—2017），成熟发展阶段（2018—今）。

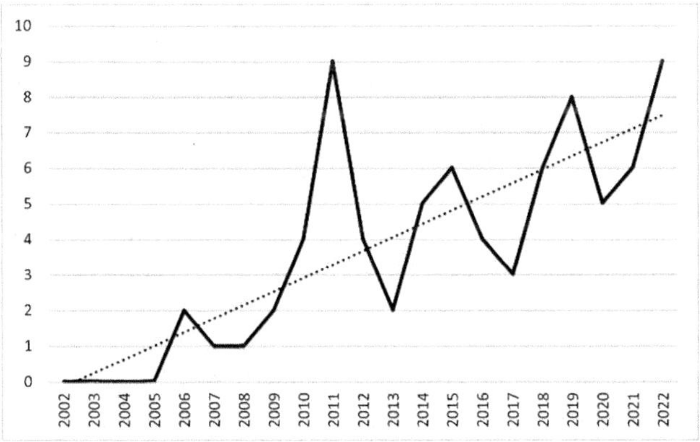

图 3.　二语句法—语用界面习得研究年度发文情况

理论探索阶段（2006—2012）侧重从理论层面对句法—语用界面不完全习得的原因进行分析（如 Rothman 2009；White 2011）。例如，White（2011）比较了句法—语义、句法—语用、语义—语用等不同界面语言结构的习得难度，指出并非所有处在界面的语言结构都难以习得，从而对接口假说提出了挑战。Sorace（2011）也提出，外界面（主要指句法—语用界面）比内界面（如句法—音系、句法—语义界面）更容易出现不完全习得状况。此外，一些研究采用实验方法对接口假说进行验证，得到的结果不尽相同。一些研究证实了接口假说，发现高级二语者也难以准确掌握句法—语用界面的语言结构（如 Jegerski *et al.* 2011；Sánchez *et al.* 2010），但也有研究反对接口假说，发现高水平二语者能够整合句法、语用知识，成功习得界面结构（如 Domínguez 2011；Yuan 2013）。总之，这一时期学界对接口假说的观点存在较大争议，处于理论探索阶段。

实证考察阶段（2013—2017）聚焦句法—语用界面的某一特定语言结构的习得状况，如回指、非常规语序等。这一阶段学界对接口假说已有初步认识，主要采用实验方法对其进行验证。一些研究发现高水平二语者在句法—语用界面语言结构的习得上存在不稳性（如 Clements & Domínguez 2017；Slabakova 2015）；也有研究发现高水平二语者能够掌握部分句法—语用的语言结构，对语用知识有较高的敏感性（如 Bel *et al.* 2016；Leal *et al.* 2014）。这些研究表明，接口假说关于句法—语用界面语言结构习得难度的推测过于笼统。处于句法—语用界面的语言结构习得难度并不相同（White 2011），即并非所有句法—语用界面的语言结构都难以最终习得，而是呈现出层级性特征。

在成熟发展阶段（2018—今），相关实证研究除验证接口假说外，还关注二语者的发展特征，并注重采用多种方法相结合的实验范式探究某一语言结构的习得状况，如实验方法和语料库方法的结合（如 Mendikoetxea & Lozano 2018）、语法能力判断和自定步速阅读方法的结合（如 Leal & Hoot 2022）、可接受性判断和合适性判断方法的结合（如 Gupton & Sánchez Calderón 2023）等。学界逐步意识到，研究方法不同是导致研究结论差异的原因之一。因此，需要深入考察二语者对特定语言结构的习得，既关注其理解，也关注其产出，这样才能全方面把握二语者的习得特征。此外，相关研究开始关注多语习得问题，将接口假说引入三语习得中，以此验证其解释力（如 Hermas 2022）。总之，这一阶段的研究侧重采用多种方法，从多个视角进行探索，深入理解二语句法—语用界面的本质特征。

总的来说，二语句法—语用界面习得研究从早期的理论探索为主，到目前实证研究逐渐走向成熟，研究内容不断丰富，研究方法更加多元化。学界对二语句法—语用界面有了更加全面的理解。

4.2　二语句法—语用界面习得研究的语言类型

从语言类型来看，二语句法—语用界面习得研究关涉的语言类型主要包括西班牙语、英语、汉语等（见表1）。其中，研究数量最多的语言是西班牙语（占比33.80%），这可能与接口假说最初的提出是基于代词脱落型语言有关。这些研究大多聚焦西班牙语中的空代词和显性代词指代以及语序变化等结构，以此来对接口假说进行验证。英语（占比23.94%）和汉语（占比11.27%）研究也较多，可能是因为这两类语言的使用范围广、人数多。相比之下，法语（占比7.04%）和德语（占比7.04%）的研究较少。日语、韩语等同样为代词脱落型语言的习得研究未受到关注。总体而言，二语句法—语用界面习得研究探讨的语言类型较广，但分布不平衡，多聚焦印欧语系。因此，相关研究得出的结论可能与特定语言类型有关。

表1.　二语句法—语用界面习得研究的语言类型

目标语	数量	百分比
西班牙语	24	33.80%
英语	17	23.94%
汉语	8	11.27%
法语	5	7.04%
德语	5	7.04%
意大利语	4	5.63%
荷兰语	2	2.82%
希腊语	2	2.82%
保加利亚语	2	2.82%
土耳其语	1	1.41%
匈牙利语	1	1.41%
合计	71	100%

注：部分研究为理论研究未纳入统计范围。

4.3　二语句法—语用界面习得研究的语言结构

从研究对象来看，二语句法—语用界面所关涉的语言结构与焦点、话题密切相关。一般而言，焦点属于新信息，话题是已知信息（Lambrecht 1994）。焦点和话题的语用特征会影响回指语的分布及语序排列方式。通过图4，我们不难看出一些研究围绕回指等指代问题展开（如 anaphora、reference），其他研究则聚焦各类非常规语序的习得状况（如 left/right dislocation、topicalized、word order）。

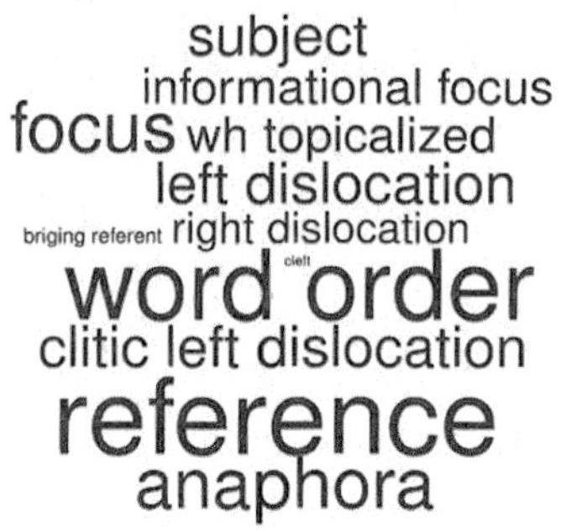

图 4.　句法—语用界面二语习得主要研究对象

4.3.1　回指

回指语是指代名词与其前文人或物之间关系的一类词汇（Matthews 1997）。回指语的选择与句法、语用关系密切，属于句法—语用界面的语言结构（Slabakova 2013）。相关二语研究主要聚焦回指语的解读及其使用问题，前者主要探究二语者对歧义句中回指语的指代倾向问题，后者主要关注二语者在语篇中回指语的使用问题。

首先，二语者和母语者对歧义句中回指语的解读倾向存在差异。研究发现，二语者对空主语语言（null-subject language）中空代词和显性代词的解读存在多选性（optionality）（如 Clements & Domínguez 2017；Keating *et al.* 2011；Sorace & Filiaci 2006）。例如，在意大利语中，对于例 1 中的显性代词 *lei*，母语者倾向于将其解读为宾语“女儿”，而二语者则多将其解读为主语“妈妈”。

（1）*La mamma dà un bacio alla figlia mentre lei si mette il cappotto.*
The mother gives a kiss to her daughter while she self puts on coat.
（妈妈亲了女儿一下，在她穿衣服的时候。）

相比之下，非空主语语言中显性代词的习得情况较好（如 Contemori *et al.* 2019；Santoro 2020），但亦有相反结论（如 Mitkovska & Bužarovska 2018），这可能是二语者母语背景不同所致。随着语言水平的提升，二语者对回指语的解读与母语者逐渐趋同（Mitkovska & Bužarovska 2018）。但与母语者相比，二语者对回指语解读的加工时间更长（Cunnings *et al.* 2017；Santoro 2020），这可能是由于句法—语用界面较为复杂，需要较多的认知资源整合句法和语用信息（Sorace 2011）。

其次，二语者和母语者在语篇中对回指语的使用存在差异。研究发现，二语者对回指语的使用存在冗余倾向（如 Crosthwaite *et al.* 2018；Quesada & Lozano 2020；Ryan 2015），即过度使用代词或名词短语，导致语篇的连贯性较差，违背了合作原则中的数量准则（Grice 1975）。例如，在英语中，话题延续情形下并列结构中的代词大多省略（如例 2 中的第 2 个代词 he）。然而，二语者普遍过度使用代词进行指代，造成语篇冗余（Quesada & Lozano 2020）。即使是对于高水平二语者，这种冗余现象仍然存在。这可能是由于跨语言影响（Crosthwaite *et al.* 2018），或二语者为避免歧义采用的语用策略（Lozano 2016）。当然，也有研究表明冗余可能与采用的诱导产出实验方法有关（Quesada & Lozano 2020）。

（2）*He returned home and he lived happily.*（他回到家快乐地生活。）

最后，少数研究还探讨了输入对回指语习得的影响。例如，Contemori *et al.*（2022）让二语者接触母语语料，发现输入能改变二语者的回指语解读倾向，使其与母语者趋同。

总的来说，回指语的二语习得研究成果丰硕，是二语句法—语用界面研究的重点内容。研究表明，无论是回指语的解读还是在语篇中的使用，二语者和母语者均存在较大差异，这与接口假说的预测一致（Sorace 2011）。然而，总体来看，现有研究对非空主语语言中回指语的习得关注较为有限（Contemori *et al.* 2019），对影响回指语习得因素的考察也亟待加强。

4.3.2　非常规语序

非常规语序是指在焦点和话题的影响下所产生的特殊语序，包括倒装（inversion）、前置 / 后置（preposing/postposing）、分裂结构（cleft）、左 / 右偏置（left/right dislocation）等（Ward & Biner 2004）。此外，非常规语序还包括少数语言中特有的现象，如保加利亚语中的附着词重叠（clitic doubling）、德语中的攀升（scrambling）等。一般而言，非常规语序属于有标记的语言现象，其产生是为了满足已知信息出现于未知信息之前，体现语用因素对句法结构的限制。

首先，多数研究探讨了倒装、前 / 后置和左 / 右偏置三类较为常见的非常规语序的习得状况。针对倒装结构的习得，现有研究大多关注英语中的倒装结构，发现二语者对倒装结构的习得呈现多选性，符合接口假说（如 Lozano & Mendikoetxea 2010；Teixeira 2020）。而对于前置结构，Smeets（2019）发现，只有当语境因素在输入中足够凸显时，二语者才能注意到非常规语序并做出正确判断。针对左 / 右偏置结构的习得，研究发现接近母语水平的二语者可以较好地掌握语用因素对句法结构的限制（如 Donaldson 2011；Sequeros-Valle *et al.* 2020）。此外，研究发现高水平二语者也能完全掌握法语中的分裂结构（如 Destruel & Donaldson 2021；Reichle & Birdsong 2014）。总体来说，相关研究大多支持接口假说，但同时也表明当语言水平足够高时，二语者能习得该类非常规语序。

其次，一些研究探讨了少数语言特有的非常规语序（如 Hopp 2009；Ivanov 2012）以及三语非常规语序的习得状况（如 Hermas 2022）。Ivanov（2012）发现，母语为英语的高水平学习者能习得保加利亚语附着词重叠规则，和母语者没有差异，不支持接口假说。Hopp（2009）也发现，高水平二语者可以习得德语中的攀升结构，这进一步说明了同样处于句法—语用界面的语言结构，习得难度不完全相同（White 2011）。针对三语非常规语序的习得，Hermas（2022）通过比较二语和三语非常规语序的习得状况，发现二语者和三语者均能掌握语篇连接的 *wh-* 疑问句，与接口假说的预测不符。

最后，也有研究探讨了教学和输入对非常规语序习得的影响（如 Leal & Slabakova 2019；Teixeira 2021）。研究发现，显性教学对句法—语用界面非常规语序习得的作用较小（Teixeira 2021），而出国留学、接触自然输入是促进非常规语序习得的重要因素（Leal & Slabakova 2019）。此外，部分教师缺乏对非常规语序这类语言结构的元语言知识（Leal & Slabakova 2019）。同时，教材中对句法—语用界面语言结构的呈现严重不足（Santoro 2020）。这些均对语言习得产生不利影响。

总体而言，非常规语序的习得大多集中于几种常见的语言现象，所得出的结论不尽相同。这说明，同样处于句法—语用界面的语言结构，其习得难度并不相同，它们可能构成一个连续统。此外，现有研究对少数语言中的非常规语序以及教学对非常规语序习得的影响关注不足，是未来需要进一步探究的方向。

4.4 二语句法—语用界面习得研究的方法

就研究方法而言，二语句法—语用界面研究呈现多种方法融合探索的模式，具体包括多种心理语言学实验方法相结合、心理语言学实验方法和语料库方法相结合以及神经语言学方法等（见表 2）。

表 2.　二语句法—语用界面研究方法一览表

研究方法	数量	占比
心理语言学实验方法（自定步速阅读、在线/离线语法判断测试、可接受性判断测试、图片匹配、眼动追踪）	58	75.32%
心理语言学实验方法和语料库方法	13	16.88%
神经语言学方法	6	7.79%
合计	77	100%

4.4.1　心理语言学实验方法

多数研究采用了心理语言学实验法，具体包括在线方法和离线方法。在线方法主要包括自定步速阅读（self-paced reading）（如 Santoro 2020）、自定步速听力和图片匹配（self-paced listening and picture matching）（如 Kaltsa *et al.* 2015）以及眼动追踪（eye-tracking）（如 Cunnings *et al.* 2017）等，获取二语者对特定语言结构的加工时长，从而推测二语者深层次的语言能力。离线方法则主要采用可接受度判断测试（acceptability judgement test），考察二语者句法—语用界面的语言知识。一般而言，在线方法和离线方法所得出的结论具有一致性（如 Hopp 2009；Leal & Hoot 2022；López-Beltrán *et al.* 2022；Teixeira 2020）。但也有研究发现，两种方法所产生的结果存在差异（如 Roberts *et al.* 2008；Sequeros-Valle *et al.* 2020）。例如，Sequeros-Valle *et al.*（2020）发现，在线研究可能给二语者产生加工压力，从而导致二语者在加工时长上和母语者存在差异。

4.4.2　实验和语料库融合法

部分研究采用了心理语言学实验方法和语料库方法相融合的方法。心理语言学实验方法主要关注二语者对特定语言结构的加工和理解，能够捕捉语言加工过程，进而推测语言使用的认知机制。其缺点是所收集的数据并非基于真实的语言环境，且易受实验材料、技术水平以及样本量的影响（Schönefeld 2011）。语料库方法能反映二语者在真实环境中的语言产出，弥补实验研究的不足，但通常反映的是二语者的元语言知识，而非语言能力。基于此，有研究采用语料库和心理语言学相结合的方法对句法—语用界面的某一特定语言结构展开研究（如 Donaldson 2011；Mendikoetxea & Lozano 2018），从理解和产出两个维度考察二语者的习得状况，探究二语句法—语用界面的规律性特征。此外，一些学者开发了基于诱导产出任务的语料库（如 COREFL 和 CEDEL 语料库）。因此，可以充分利用现有的语料库资源，对实验研究进行补充，进行三角验证，共同探索语言的认知过程（陈士法等 2023）。

4.4.3 神经语言学方法

个别研究采用了神经语言学方法对句法—语用界面和脑神经之间的关联进行探索（如 Hirotani & Schumacher 2011；Reichle & Birdsong 2014；Xu *et al.* 2019）。研究发现，对比焦点和歧义回指均能诱发大脑额区的负成分（Reichle & Birdsong 2014；Xu *et al.* 2019）。同时，句法—语用界面的语言结构引发的脑神经反应与单纯句法结构并不相同。这表明句法—语用界面的加工与纯句法加工存在差异。但上述研究采用的均是 ERPs（event related-potentials）技术，fMRI（functional magnetic resonance imaging）技术还未应用于二语句法—语用界面的研究，对句法—语用界面语言结构认知机制的探索亟待进一步拓展。

总的来说，二语句法—语用界面研究的方法呈现出多范式、多维度特征，即以心理语言研究方法为主、语料库方法为辅，同时向神经认知科学方向发展的态势。值得一提的是，不同研究方法侧重点有所不同，因此需辩证看待不同实验方法的研究结果。

5. 研究展望

尽管二语句法—语用界面研究已取得较大进展，但仍存在一些不足：1）关注的语言结构相对集中，但语言类型不够丰富；2）对二语句法—语用界面影响因素的考察不足；3）缺乏对句法—语用界面习得教学方法的探讨。针对这些不足，未来研究可从以下 3 个方面推进二语句法—语用界面研究。同时，现有研究对深入汉语二语句法—语用界面习得研究具有启示性意义。

5.1 拓展句法—语用界面语言结构和类型的研究

现有研究关注的语言类型主要是印欧语，如西班牙语、英语、法语等，而其他语言（如日语、韩语、俄语等）的二语句法—语用界面习得研究较少。因此，较难确定句法—语用界面习得难度是否与特定语言类型有关，难以说明接口假说背后所蕴含的句法—语用互动机制。例如，现有研究多关注空主语语言中回指语的习得，对非空主语语言的关注较少（Contemori *et al.* 2019）。未来研究应重点关注其他语言中的句法—语用界面语言结构习得状况，为句法—语用界面研究提供普遍性理论解释。

其次，关注的语言结构较为集中。现有二语句法—语用界面研究主要集中在回指和非常规语序两大类语言结构，对其他语言结构的关注较少。而就非常规语序而言，对少数语言特有的非常规语序关注不足。此外，一些常见的语言现象，如省略（Gregoromichelaki *et al.* 2012）和并列结构（Altshuler & Truswell 2022）也涉及句法—语用层面的互动，现有二语句法—语用界面研究较少关注这些语言现象。

因此，未来可从拓宽语言类型和语言结构两方面入手，对二语句法—语用界面的习得深入挖掘，丰富界面研究的语言类型和结构，从而增强二语句法—语用界面研究的整体性。

5.2 深化二语句法—语用界面影响因素的研究

从现有研究来看，二语句法—语用界面习得研究聚焦某一特定语言结构的习得状况，对影响因素的探讨有所涉猎，但限于对二语学习者母语背景这一影响因素的考察，对其他影响因素（如输入方式）考察较少。未来可从以下 3 个方面深化二语句法—语用界面影响因素的研究。

首先，继续开展母语背景对二语句法—语用界面习得影响的研究。母语背景是影响句法—语用界面习得成效的重要因素之一（Crosthwaite 2018；Hopp 2009；Smeets 2019）。母语和二语之间的差异越大，二语者越容易在句法—语用界面产生不确定性（Teixeira 2020）。这说明部分句法—语用界面的语言结构受跨语言影响，进而影响二语习得。通过比较不同母语背景的二语者对同一语言结构的习得状况，可以深入理解母语背景对二语句法—语用界面习得的影响。

其次，关注输入和二语句法—语用界面习得成效的关联。研究表明，输入是影响二语句法语用界面习得的重要因素（如 Contemori *et al.* 2022；Leal & Slabakova 2019），基于真实语料的可理解性输入以及接触自然语料可以促进句法—语用界面语言结构的习得（Leal & Slabakova 2019），但目前相关研究仍较为匮乏。未来研究可采用控制变量的方式，探讨不同输入类型与二语句法语用界面习得成效之间的内在关联，进一步揭示句法—语用界面的习得规律。

最后，开展二语句法—语用界面整合研究。现有二语句法—语用界面研究较为分散，多集中于某一特定语言结构。未来研究可采用元分析方法，通过量化统计，探讨句法—语用界面不同语言结构和影响因素之间的关联，深化我们对句法—语用界面结构习得的整体性认识。

5.3 加强二语句法—语用界面的教学研究

句法—语用界面涉及两个层面知识的整合，需要二语者较多的认知资源。尽管有研究发现接近母语水平的二语者可以掌握句法—语用界面的语言结构，但句法—语用界面对中低水平二语者仍是一大难题。因此，寻找合适的方法提高二语者句法—语用界面的语言能力，促进其习得，显得尤为重要。未来可以从教师、教材、教法三方面加强二语句法—语用界面的教学研究。

首先，教师在二语习得中的地位和作用不言而喻。二语句法—语用界面的研究成果有助于帮助教师全面客观地了解二语习得难点，对设计教学内容具有启发作用（杨连瑞等 2022）。具体而言，相关研究发现能够告诉教师哪些语言结构可以早期教授、哪些可以在后期熟练阶段处理（White 2023）。然而，研究发现许多教师缺乏句法—语用界面语言结构的元语言知识（Leal & Slabakova 2019）。如果教师本身不具备句法—语用界面的语言知识，那么学生更难习得该结构。因此，可以展开对外语教师句法—语用界面元语言知识的调查，重视教师在二语句法—语用界面习得中的作用。

其次，挖掘教材中二语句法—语用界面知识的呈现情况。教材中有关句法—语用界面语言结构的呈现较少（Santoro 2020），未能充分展示语境和语言使用之间的联系（李民、余中秋 2020）。如果二语者不能通过教材获得有关句法—语用界面的元语言知识，其习得必然受到较大影响。因此，现有的研究发现对今后教材的编写和完善具有启发作用。

最后，关注教学方法和二语句法—语用界面习得的成效研究。王初明（2023）认为句法—语用界面出现问题的原因在于学用分离，即语言学习与语言使用不匹配。他认为续写是弥补句法—语用界面接口知识的重要方法。但目前相关研究还缺乏实证检验，未来可比较不同教学法的教学效果，如通过设置对照实验，比较任务型教学法和概念型教学法对促进句法—语用界面语言结构习得的成效。

5.4 现有研究对汉语二语句法—语用界面研究的启示

汉语作为汉藏语系的一大分支，呈现出一些与其他语言不同的特征，如缺乏屈折变化、语序相对灵活等（Li & Thompson 1976）。与英语等“主语突出型”语言相比，汉语语序的灵活变化特征表明句法和语用因素存在较强的互动性，具体体现在话题结构、分裂结构、代词回指等语言现象（吴义诚、杨小龙 2019）。这也意味着从语言类型学的视角，语用因素在汉语中的作用更为凸显。因此，从句法—语用界面视角对二语汉语展开研究具有重要意义。

目前，汉语二语句法—语用界面习得研究开始得到学界关注，现有实证研究探讨了二语汉语疑问词话题化（如 Dugarova 2014；Yuan 2013；Yuan & Dugarova 2012）以及代词指代（如 Jin *et al.* 2022；Zhao 2014）的习得状况。研究发现，汉语二语者并非像接口假说预测的那样无法习得句法—语用界面语言结构，而是对语篇、语用因素具有较高的敏感性。此外，也有研究比较了不同母语背景的汉语二语学习者句法—语用界面语言结构的习得状况。例如，Crosthwaite *et al.*（2018）考察了母语为英语、韩语、日语的汉语学习者书面语篇中指称表达的产出状况。研究发现，母语背景对汉语二语学习者指称表达的产出具有显著影响。总体而言，汉语相关研究数量不多，所探讨的影响因素较为单一，是值得未来深入考察的方向。

基于此，未来汉语二语句法—语用界面研究可从以下 3 个方面展开。首先，可以深入探究汉语独有的句法—语用界面语言结构的习得状况（如汉语反身代词长距离回指），探究汉语二语句法—语用界面的特殊机制；其次，可以探讨不同母语背景的汉语学习者句法—语用界面语言结构的习得状况，既包括母语与汉语相似度较高的学习者，也包括母语与汉语差异较大的学习者，进而探讨母语迁移对二语句法—语用界面习得的影响；最后，可以借鉴神经认知科学的研究方法，探索汉语二语者对特定语言结构的加工状况。

6. 结语

二语句法—语用界面习得研究是基于生成语法的二语习得研究热点话题，对理解二语习得本质具有重要意义。现有研究围绕回指和非常规语序对二语句法—语用界面展开了细致深入的考察，在研究方法上呈现出以心理语言学研究方法为主、语料库方法为辅，同时向神经认知科学方向发展的多范式、多维度发展态势。现有研究也存在一些不足，如关注的语言结构相对集中，对二语句法—语用界面影响因素的考察不足，缺乏弥补句法—语用界面习得问题的教学方法等。基于此，本文认为未来研究可以借鉴句法—语用界面理论研究成果，拓宽句法—语用界面语言结构的研究范围。此外，还应进一步考察母语背景和输入等多种因素对二语句法—语用界面习得的影响。同时，从教师、教材、教法三方面入手，加强二语句法—语用界面的教学研究，找寻合适的方法提高二语者句法—语用界面的语言能力。限于时间、技术等因素，本文未对具体的研究对象和方法进行历时分析，未来可针对性地对二语句法—语用界面某一具体话题进行总结，进而丰富对该领域的认识。

参考文献

Altshuler, D. & R. Truswell. 2022. *Coordination and the Syntax-Discourse Interface* [M]. New York: Oxford University Press.

Arksey, H. & L. O' Malley. 2005. Scoping studies: Towards a methodological framework [J]. *International Journal of Social Research Methodology* 8: 19-32.

Bel, A., N. Sagarra, J. P. Comínguez & E. García-Alcaraz. 2016. Transfer and proficiency effects in L2 processing of subject anaphora [J]. *Lingua* 184: 134-159.

Clements, M. & L. Domínguez. 2017. Reexamining the acquisition of null subject pronouns in a second language: Focus on referential and pragmatic constraints [J]. *Linguistic Approaches to Bilingualism* 7: 33-62.

Contemori, C., O. Asiri & E. D. P. Irigoyen. 2019. Anaphora resolution in L2 English: An analysis of discourse complexity and cross-linguistic interference [J]. *Studies in Second Language Acquisition* 41: 971-998.

Contemori, C., S. Mossman & A. K. Ramos. 2022. Acquiring L2 pronoun interpretation biases: Implicit learning at the discourse level in L2 English [J]. *Studies in Second Language Acquisition* 44: 210-227.

Crosthwaite, P., Y. Yeung, X. Bai, L. Lu & Y. Bae. 2018. Definite discourse-new reference in L1 and L2: The case of L2 mandarin [J]. *Studies in Second Language Acquisition* 40: 625-649.

Cunnings, I., G. Fotiadou & I. Tsimpli. 2017. Anaphora resolution and reanalysis during L2 sentence processing: Evidence from the visual world paradigm [J]. *Studies in Second Language Acquisition* 39: 621-652.

Destruel, E. & B. Donaldson. 2021. The L2 acquisition of French interrogatives: Pragmatic inferences in clefted wh-questions [J]. *Languages* 6: 165. doi: 10.3390/languages6040165.

Donaldson, B. 2011. Left-dislocation in near-native French [J]. *Studies in Second Language Acquisition* 33: 399-432.

Dugarova, E. 2014. Russian speakers' L2 Chinese acquisition of *wh*-topicalization at the syntax-discourse interface [J]. *Second Language Research* 30: 411-437.

Gregoromichelaki, E., R. Cann & R. Kempson. 2012. Language as tools for interaction: Grammar and the dynamics of ellipsis resolution [J]. *The Linguistic Review* 29: 563-584.

Grice, H. P. 1975. Logic and conversation [A]. In P. Cole & J. L. Morgan (eds.). *Syntax and Semantics, Vol. 3, Speech Acts* [C]. New York: Academic Press. 41-58.

Gupton, T. & S. Sánchez Calderón. 2023. Focus at the syntax-discourse interface in L2 Spanish: Optionality and unaccusativity reconsidered [J]. *Second Language Research* 39: 185-229.

Hermas, A. 2022. D-linked and non-d-linked *wh*-questions in L2 French and L3 English [J]. *International Review of Applied Linguistics in Language Teaching* 60: 723-757.

Hirotani, M. & P. B. Schumacher. 2011. Context and topic marking affect distinct processes during discourse comprehension in Japanese [J]. *Journal of Neurolinguistics* 24: 276-292.

Hopp, H. 2009. The syntax-discourse interface in near-native L2 acquisition: Off-line and on-line performance [J]. *Bilingualism: Language and Cognition* 12: 463-483.

Ivanov, I. P. 2012. L2 acquisition of Bulgarian clitic doubling: A test case for the Interface Hypothesis [J]. *Second Language Research* 28: 345-368.

Jegerski, J., B. VanPatten & G. D. Keating. 2011. Cross-linguistic variation and the acquisition of pronominal reference in L2 Spanish [J]. *Second Language Research* 27: 481-507.

Jin, J., S. E. Ke & J. C.-K. Lee. 2022. Language interfaces in adult heritage language acquisition: A study on encoding of nominal reference in mandarin Chinese as a heritage language [J]. *Frontiers in Psychology* 12: 790102. doi: 10.3389/fpsyg.2021.790102.

Kaltsa, M., I. M. Tsimpli & J. Rothman. 2015. Exploring the source of differences and similarities in L1 attrition and heritage speaker competence: Evidence from pronominal resolution [J]. *Lingua* 164: 266-288.

Keating, G. D., B. VanPatten & J. Jegerski. 2011. Who was walking on the beach? Anaphora resolution in Spanish heritage speakers and adult second language learners [J]. *Studies in*

Second Language Acquisition 33: 193-221.

Lambrecht, K. 1994. *Information Structure and Sentence Form: Topic, Focus and the Mental Representations of Discourse Referents* [M]. Cambridge: Cambridge University Press.

Leal, T. & B. Hoot. 2022. L2 representation and processing of Spanish focus [J]. *Language Acquisition* 29: 410-440.

Leal, T. & R. Slabakova. 2019. The relationship between L2 instruction, exposure, and the L2 acquisition of a syntax-discourse property in L2 Spanish [J]. *Language Teaching Research* 23: 237-258.

Leal, T., J. Rothman & R. Slabakova. 2014. A rare structure at the syntax-discourse interface: Heritage and Spanish-dominant native speakers weigh in [J]. *Language Acquisition* 21: 411-429.

Li, C. N. & S. A. Thompson. 1976. Subject and topic: A new typology of language [A]. In C. N. Li (ed.). *Subject and Topic* [C]. New York: Academic Press. 457-489.

López-Beltrán, P., M. A. Johns, P. E. Dussias, C. Lozano & A. Palma. 2022. The effects of information structure in the processing of word order variation in the second language [J]. *Second Language Research* 38: 639-670.

Lozano, C. 2016. Pragmatic principles in anaphora resolution at the syntax-discourse interface: Advanced English learners of Spanish in the CEDEL2 corpus [A]. In M. Alonso-Ramos (ed.). *Spanish Learner Corpus Research: Current Trends and Future Perspectives* [C]. Amsterdam: John Benjamins. 235-265.

Lozano, C. & A. Mendikoetxea. 2010. Interface conditions on postverbal subjects: A corpus study of L2 English [J]. *Bilingualism, Language and Cognition* 13: 475-497.

Matthews, P. H. 1997. *The Concise Oxford Dictionary of Linguistics* [M]. New York: Oxford University Press.

Mendikoetxea, A. & C. Lozano. 2018. From corpora to experiments: Methodological triangulation in the study of word order at the interfaces in adult late bilinguals (L2 learners) [J]. *Journal of Psycholinguistic Research* 47: 871-898.

Mitkovska, L. & E. Bužarovska. 2018. Subject pronoun (non)realization in the English learner language of Macedonian speakers [J]. *Second Language Research* 34: 463-485.

Quesada, T. & C. Lozano. 2020. Which factors determine the choice of referential expressions in L2 English discourse? [J] *Studies in Second Language Acquisition* 42: 959-986.

Reichle, R. V. & D. Birdsong. 2014. Processing focus structure in L1 and L2 French: L2 proficiency effects on ERPs [J]. *Studies in Second Language Acquisition* 36: 535-564.

Roberts, L., M. Gullberg & P. Indefrey. 2008. Online pronoun resolution in L2 discourse: L1 influence and general learner effects [J]. *Studies in Second Language Acquisition* 30: 333-357.

Rothman, J. 2009. Pragmatic deficits with syntactic consequences? L2 pronominal subjects and the syntax-pragmatics interface [J]. *Journal of Pragmatics* 41: 951-973.

Ryan, J. 2015. Overexplicit referent tracking in L2 English: Strategy, avoidance, or myth? [J]. *Language Learning* 65: 824-859.

Sánchez, L., J. Camacho & J. E. Ulloa. 2010. Shipibo-Spanish: Differences in residual transfer at the syntax-morphology and the syntax-pragmatics interfaces [J]. *Second Language Research* 26: 329-354.

Santoro, M. 2020. The acquisition of English anaphoric expressions by adult Chinese speakers [J]. *Journal of Psycholinguistic Research* 49: 641-662.

Schönefeld, D. 2011. Introduction: On evidence and the convergence of evidence in linguistic research [A]. In D. Schönefeld (ed.). *Converging Evidence: Methodological and Theoretical Issues for Linguistic Research* [C]. Amsterdam: John Benjamins. 1-31.

Sequeros-Valle, J., B. Hoot & J. Cabrelli. 2020. Clitic-doubled left dislocation in L2 Spanish: The effect of processing load at the syntax-discourse interface [J]. *Language Acquisition* 27: 306-330.

Slabakova, R. 2013. Discourse and pragmatics [A]. In J. Herschensohn & M. Young-Scholten (eds). *The Cambridge Handbook of Second Language Acquisition* [C]. Cambridge: Cambridge University Press. 482-504.

Slabakova, R. 2015. The effect of construction frequency and native transfer on second language knowledge of the syntax-discourse interface [J]. *Applied Psycholinguistics* 36: 671-699.

Smeets, L. 2019. The acquisition of object movement in Dutch: L1 transfer and near-native grammars at the syntax-discourse interface [J]. *Second Language Research* 35: 479-504.

Sorace, A. 2011. Pinning down the concept of "interface" in bilingualism [J]. *Linguistic Approaches to Bilingualism* 1: 1-33.

Sorace, A. & F. Filiaci. 2006. Anaphora resolution in near-native speakers of Italian [J]. *Second Language Research* 22: 339-368.

Teixeira, J. 2020. Gradient optionality in L2 acquisition at the syntax-discourse interface: Evidence from inversion in advanced and near-native English [J]. *Lingua* 245: 102947. doi: 10.1016/j.lingua.2020.102947.

Teixeira, J. 2021. The impact of explicit instruction on different types of linguistic properties: Syntactic vs. syntax-discourse properties [J]. *International Journal of Applied Linguistics* 172: 26-57.

Tomasello, M. 2003. *Constructing a Language: A Usage-Based Theory of Language Acquisition* [M]. Cambridge: Harvard University Press.

Ward, G. & B. Birner. 2004. Information structure and non-canonical syntax [A]. In L. R. Horn & G. Ward (eds.) *The Handbook of Pragmatics* [C]. Oxford: Blackwell Publishing. 153-174.

White, L. 2011. Second language acquisition at the interfaces [J]. *Lingua* 121: 577-590.

White, L. 2023. Should linguistics be applied and, if so, how? [J]. *Language Teaching* 56: 349-361.

Xu, X., M. Pan, H. Dai, H. Zhang & Y. Lu. 2019. How referential uncertainty is modulated by conjunctions: ERP evidence from advanced Chinese–English L2 learners and English L1 speakers [J]. *Second Language Research* 35: 195-224.

Yuan, B. 2013. Is Chinese '*daodi*' '*the hell*' in English speakers' L2 acquisition of Chinese *daodi* ... *wh* ... questions? Effects and recoverability of L1 transfer at L2 interfaces [J]. *International Journal of Bilingualism* 17: 403-430.

Yuan, B. & E. Dugarova. 2012. *Wh*-topicalization at the syntax-discourse interface in English speakers' L2 Chinese grammars [J]. *Studies in Second Language Acquisition* 34: 533-560.

Zhao, L. X. 2014. Ultimate attainment of anaphora resolution in L2 Chinese [J]. *Second Language Research* 30: 381-407.

常辉，2014，接口假说与接口知识习得研究——基于生成语法理论的二语习得研究 [J]，《外语与外语教学》（6）：44-49，73。

陈士法、姜倩倩、朗玥，2023，语料库法在心理语言学研究中的应用与发展 [J]，《现代外语》（2）：284-293。

戴曼纯，2014，语言接口与二语接口的习得 [J]，《外国语》（1）：72-82。

姜珊、张会平，2023，句法-语用界面视角下中国学习者英语长式被动结构的习得研究 [J]，《解放军外国语学院学报》（1）：96-103。

李民、余中秋，2020，中外英语教材中的语用知识对比研究 [J]，《现代外语》（6）：806-817。

邵士洋、吴庄，2017，语言接口视角下中国学生英语冠词习得研究 [J]，《现代外语》（4）：552-563。

王初明，2023，“续”是语言接口的天然粘合剂 [J]，《现代外语》（2）：237-244。

吴明军、潘娟，2017，接口条件对高级英语学习者消解反身代词的影响 [J]，《现代外语》（5）：684-694。

吴义诚、杨小龙，2019，《汉语句法、语义和语用的界面研究》述介 [J]，《当代语言学》（3）：466-473.

杨连瑞、蔡金亭、徐锦芬、陈士法，2022，《第二语言习得新发展研究》[M]。北京：清华大学出版社。

通信地址：300071 天津市南开区卫津路94号南开大学外国语学院

作者简介：郝俊杰，南开大学外国语学院硕士研究生，研究方向为语用学、二语习得。

E-mail：2120211867@mail.nankai.edu.cn

李民（通信作者），南开大学外国语学院教授、博士生导师，博士，研究方向为语用学、外语教育学。

Email：limin@nankai.edu.cn

（文字编辑：张雨）

《语料库语言学与二语习得：视角、问题和发现》述评

中国海洋大学 孙广峰 韩姗姗 张德玉

Xiaofei Lu. 2023. *Corpus Linguistics and Second Language Acquisition: Perspectives, Issues, and Findings.* New York & London: Routledge. xiv+172.

DOI:10.20054/j.cnki.sllr.2023.17.010

1. 引言

语料库语言学在分析真实语言实际使用模式上发挥了重要作用，可对语言数据进行定性定量的描写和概括，受到了越来越多的关注（Reppen & Simpson-Vlach 2019）。随着语料库资源的不断扩大及信息技术的迅猛发展，语料库语言学在二语习得研究过程中起着极其重要的作用。陆小飞（2023）撰写的专著《语料库语言学与二语习得：视角、问题和发现》（*Corpus Linguistics and Second Language Acquisition: Perspectives, Issues, and Findings*）是“认知科学和二语习得”丛书之一，该书系统论述了语料库语言学和二语习得在概念和方法上的交集，全面回顾了运用语料库语言学方法研究二语变异、加工、产出和发展问题的实证研究，回答了一些相关问题，为广大教师和研究生提供了全面、实用、颇具启发性的参考。

2. 内容简介

《语料库语言学与二语习得：视角、问题和发现》共分 6 章，内容系统全面。第 1 章简要提出了书中拟解决的几个核心问题。第 2 章回顾了通过语料库语言学方法在群体层面上对二语使用变异（variation）的实证研究。第 3 章综

合运用语料库语言学方法对影响二语加工和产出的因素进行了实证研究。第 4 章概述了利用语料库语言方法跟踪群体二语发展纵向路径的实证研究，并探讨影响这些路径的输入、学习者及任务因素。第 5 章阐述了少数基于复杂动态系统理论（complex dynamic systems theory）的实证研究，利用学习者语料库数据来描述二语习得过程中学习者语言的可变性（variability）。第 6 章给出了作者的思考和建议。

第 1 章“引言”对全书内容进行了概述，运用语料库语言学方法，对受学习者、任务变量、输入因素等影响的二语变异、加工、产出和发展等几个核心问题进行简要介绍。这些核心问题包括：不同的学习者和任务变量如何导致二语使用的差异？不同的输入因素如何影响二语加工和产出？二语学习者发展二语不同子系统的纵向轨迹是什么样的？不同的输入、学习者和任务因素如何与时间相互作用，形成这些轨迹？二语发展中存在哪些类型的个体差异和可变性等？该章简要介绍了与二语习得研究相关的语料库语言学方法。母语语料库和学习者语料库为二语习得研究提供了有价值的数据来源，用于语料库标注和/或分析的工具和方法在二语习得研究中作用非凡。第 1 章指出该书旨在明确展示语料库语言学方法能够帮助二语研究人员使用新的数据源和分析来解决长期存在的问题，并验证二语习得领域的新理论假设。本章最后对后续章节进行了全面概述，简洁易懂。

第 2 章“二语使用的变异”着重回顾了运用语料库语言学方法探讨二语使用变异的实证研究。作者首先阐释了二语使用中变异的主要类型，如复杂性、准确性和流利性，以及在二语习得研究中测量这些变异的主要方法。词汇的复杂性包括词汇的密度、多样性和复杂性。词汇密度通常是测量文本中词汇或实义词的数量与文本总字数的比率。词汇多样性捕捉文本中单词的变化程度和非重复程度，通常使用类符—形符比（type-token ratio，TTR）来测量。词汇复杂性传统上是根据文本中单词的参考语料库频数来操作的，最近的研究则使用指数对词汇复杂性进行分析，如词汇复杂度自动分析工具（the Tool for the Automatic Analysis of Lexical Sophistication）。此外，结合这些研究中的理论基础和具体方法选择，作者回顾并详述了学习者和任务相关变量对二语使用变异影响的实证研究。另外，作者从认知、交际、功能和互动需求方面探讨了二语使用变异方面任务相关变量的影响。这些研究发现在检验二语习得基础或理论模型的预测以及提供教育信息方面具有重要和宝贵的意义。

第 3 章“影响二语加工和产出的因素”概述了综合运用语料库语言学方法对影响二语加工和产出的因素所进行的实证研究，探讨二语学习者在加工和产出二语不同构式过程中对各种构式相关因素的敏感程度。作者首先概述了基于语言习得使用观的二语习得研究，这种理论假定语言学习者依赖他们接收到的语言输入作为二语学习的主要来源，并且他们在学习二语时使用一般的认知学习机制，而不是语言学习的特定认知机制（蔡金亭、王敏 2020）。作者用了大部分篇幅来回顾整合语料库分析的实证研究，以检验各种因素对二语加工和 / 或产出的影响。这些研究结果表明，频数和或然性（frequency and contingency）是二语加工和产出各种类型构式（如词汇范畴的产出和英语冠词构式、短语单位的加工、句法构式的加工和产出）的重要决定因素，此外，近因性（recency）、语义原型性和凸显性也起着重要作用。另外，本章系统回顾了实证研究的结果，这些研究或结合语料库语言学和实验方法来考察影响二语学习者加工特定构式的因素，或单独运用语料库分析来探究影响二语学习者产出特定构式的因素。

第 4 章“二语发展轨迹及影响因素”阐述了运用语料库语言学方法来探讨二语发展轨迹以及相关因素（输入、学习者和任务等）的实证研究。其中，许多研究都是基于语言习得使用观，重点是不同类型构式的二语发展，但也包括从其他理论角度进行的研究，以及关注二语发展其他方面的研究，如复杂性、准确性和流利性的发展和学术立场的发展。本章重点关注采用纵向设计的研究，即使用历时语料库，这些语料库由同一组二语学习者在不同时间点收集的语言样本组成，以跟踪学习者的二语发展。此外，该章还关注与群体发展趋势有关的研究结果，而不是关注一两个学习者的研究，尽管这些研究者可能已经从更大的学习者历时语料库中获取了相关数据。

第 5 章“二语发展中的可变性和个体差异”回顾了利用学习者历时语料库数据和一些有代表性的学习者语料库来探讨二语发展中学习者之间和学习者内部的可变性和个体差异的研究。作者首先概述了二语习得的复杂动态系统理论的核心原则和研究重点，特别关注二语发展固有的可变性，以及不同学习者和任务相关变量之间的相互作用如何影响个体学习者的二语习得发展路径。另外，作者描述了二语发展过程中学习者之间以及学习者内部的可变性，展示了几种分析学习者内部变化性的方法（包括使用平滑函数、最小 / 最大图等），并展望了运用定量和定性分析相结合的方法分析学习者之间的可变性。最后讨论了综述研究中的方法论选择、语料库语言学方法的具体贡献，以及这一研究主体中存在的研究差距和局限性。

第 6 章“结论”总结了第 2~5 章在二语习得研究的四个核心研究领域（即二语的变异、加工、产出和发展）中提出的重要建议、问题和研究发现，以及语料库语言学方法在这些领域所做的重要贡献。另外，作者解释了在二语习得核心领域中运用语料库语言学方法存在的问题及进展，如建设二语学习者在教学或其他真实环境中互动而产生的语料库，可以更全面、真实地捕捉二语变异和发展的语言特征；寻找在语言的意义和功能方面可靠有效的测量方法，以及用于检测语言特征的更全面的数据驱动方法。最后，作者提出了基于语料库的二语习得研究的未来发展方向，如讨论社会语言学变量对二语学习者发展路径的影响，在更具体和专门的领域开展更多的研究，以及在语言的意义和功能方面给予更多的关注。

3. 评述

该书内容丰富，视角多样，融系统性和前瞻性为一体，既注重理论探索，也强调实证研究，是一部高质量的学术专著。

第一，条理清晰，逻辑严谨。特别是从第 2 章到第 5 章抓住了该书的核心问题（包括二语使用的变异、二语加工、产出和发展）。该书第 1 章和最后 1 章为引言和结论部分，其余每一章节都有自己的引言和结论部分，与主体部分紧密关联，相互支撑，这种结构安排清晰地展现每章主题下各研究之间的关系，方便读者阅读、参考。在研究层面，该书回顾了二语习得结合语料库语言学方法（包括母语和 / 或学习者语料库，以及语料库标注和分析的工具和方法）所研究的四个核心研究领域的问题：第二语言使用的群体水平差异、各种输入因素对二语加工和产出的影响、群体水平第二语言发展的历时轨迹、利用二语历时语料库来探究二语发展中学习者之间和学习者内部的可变性以及个体差异。为学生和研究人员学习或从事运用语料库方法开展二语习得研究提供了切实可行，坚实可靠的支持。

第二，兼收并蓄，内容全面。该书从多种角度涵盖了相关理论构念以及可在语言学习中运用相关理念的方式。例如，第 5 章首先详细阐释了复杂动态系统理论的核心理念及显著特征，尤其是用于研究学习者之间及内部的变化。借助语料库语言学方法，该书深入探讨了二语学习者个体和群体的不同发展轨迹和差异，说明可变性是二语发展的固有特性，以及不同学习者和任务相关变量之间的相互作用如何以多种方式影响个体学习者的二语习得发展路径。作者使用丰富的实例和引证阐释了概念和理论，并一再证明学习者历时语料库、自动化或半自动化语料库标注以及定量和定性语料库分析，对于揭示二语发展可变性及差异方面具有显著的促进作用。

第三，高屋建瓴，聚焦前沿。该书全面系统地阐述了结合语料库语言学方法进行二语习得研究这一领域的发展动态，对每项研究的研究设计、研究发现、贡献和局限性都进行了详细和清晰的介绍，以便读者能理解并进一步推进研究内容。同时，该书也涉及一些新发表的实证研究，旨在让读者了解该领域的最新发展和趋势。作者立足于当前研究现状提出了新见解和新方向，反思在二语习得研究中所使用的研究方法，并提出随着研究方法的进步，未来基于语料库语言学的二语习得研究可以涉及许多新的分析焦点，指明了诸多未来有待突破的研究方向，对未来二语习得研究走向影响深远。

该书的重点在于关注研究者和材料编写者对语料库的应用，鲜有涉及如何将语料库语言学的方法应用于教学实践。其原因可能在于，大多数语料库是为了语言研究和词典编纂而建立的（刘鼎甲、张子嫣 2022），很难直接用于自然课堂教学实践。未来可以多方协作开发面向教学的小型语料库，结合简洁易用的相关数据分析软件，加强教师策略培训，使语料库语言学更具实用性和操作性，能够真正服务于外语教学。

总而言之，该书内容全面，见解深刻。作者恰如其分地将最新的理论与实证研究贯穿全书，运用语料库语言学方法对二语习得领域研究的现状和前景进行了全面深入的探讨、分析和总结，为推进该领域的理论和实证探索奠定了基础。作为一部体现语料库语言学与二语习得研究成果的最新著作，该书结构清晰，视角全面，研究实例丰富，生动展现了语料库语言学方法运用于二语习得研究的全貌，其理论和方法对国内相关研究具有重要的借鉴价值，并具有很强的指导性和推广性，值得每位对语料库语言学和二语习得感兴趣并关注其最新发展的学习者及研究者深入研读。

参考文献

Reppen, R. & R. Simpson-Vlach. 2019. Corpus linguistics [A]. In N. Schmitt & M. P. H. Rodgers (eds.). *An Introduction to Applied Linguistics* (3rd Ed.) [C]. London: Routledge. 91-108.

蔡金亭、王敏，2020，基于使用取向的二语习得研究：理论、实证与展望 [J]，《外语与外语教学》（2）：1-15，147。

刘鼎甲、张子嫣，2022，句法分析与语料库的研制和应用：回顾与前瞻 [J]，《外语电化教学》（6）：82-88，113。

通信地址：266100 山东省青岛市崂山区松岭路238号中国海洋大学外国语学院

作者简介：孙广峰，中国海洋大学外国语学院讲师，硕士，研究方向为二语习得、外语教学。
Email：stacy3564@sina.com
韩姗姗，中国海洋大学外国语学院外国语言学及应用语言学专业硕士研究生，研究方向为二语习得。
Email：hss19862519868@163.com
张德玉，中国海洋大学外国语学院教授、硕士生导师，研究方向为英美文学、商务翻译、专门用途英语教学与研究、大学英语教材研究与开发。
Email：dyzhang13@163.com

（文字编辑：蔡金亭）

Abstracts of Major Papers

The effects of syntactic and semantic ambiguity on Chinese university students' processing of English reduced relative clauses, by Cuihong Yu & Rui Yan (p. 1)

The study investigates Chinese university students' processing features of reduced relative clauses. Results indicate that in cases involving a complete argument structure, students are less affected by the syntactic and semantic ambiguity, thus yielding higher-quality translation; however, in cases with an incomplete argument structure, the quality of translation is relatively low. On one hand, students, disturbed by prepositional ambiguity, tend to overlook the verbal expressions in the target language while focusing on the output of the passive structures; on the other hand, due to the garden path effect, students may pay more attention to the verbal expressions of the target language and fail to represent the passive structures in their translation. The study also indicates that Chinese university student make use of lexical, semantic, and syntactic clues for ambiguity resolution, but the preference varies with the type of ambiguity. The findings confirm the "good enough" approach and also shed insights on further investigation into how second language learners coordinate syntax and semantics during sentence processing.

The developmental features of periphrastic topic structures in Chinese-English interlanguage, by Chengchao Li, Lianrui Yang & Yu Zhang (p. 15)

Periphrastic topic structures (PTSs), as Chinese-style topic structures, belong to the category of prepositional topic fronting constructions in Topic Subject Verb Object (TSVO) sequences. The present study aims to reveal the developmental features of PTSs through investigating the production of PTSs in Chinese-English interlanguage by learners with different levels of L2 proficiency. Results show that with advances in learners' English proficiency levels, PTSs diminish from the preliminary stage to the intermediate stage gradually, but present a much higher degree of fossilization at the advanced level. This finding further validates the Selective Fossilization Hypothesis (SFH) proposed by Han (2009).

The predictive effects of foreign language achievement on foreign language enjoyment under the control-value theory, by Guoping Wang (p. 29)

The control-value theory posits a bi-directional relationship between achievement emotions and academic achievement. Based on this theoretical premise, the present study adopts a mixed-method to investigate 227 English major sophomores' foreign language enjoyment (FLE) level and to examine the predictive effects of students' foreign language achievement on their FLE. Statistical results reveal that: 1) English major sophomores' FLE is above the moderate level; among the three dimensions of FLE, the level of FLE-Teacher is the highest, while the level of FLE-Private is the lowest; 2) Students' foreign language achievement can significantly and positively predict their FLE, and qualitative data further indicate that this positive predictive effect is realized by the mediative effect of students' self-confidence which reflects their control-appraisal of the activity or outcome. These findings not only provide empirical evidence to verify the applicability of the control-value theory in the field of second language acquisition, but also offer some enlightenment for second language teachers.

A study on the relationship between resilience and motivated second language learning behavior, by Songtao Liu & Tingting Huang (p. 40)

This study investigated the relationship between resilience and motivated second language learning behavior. A total of 321 Chinese undergraduate students majoring in English participated in a questionnaire-based survey. The quantitative data were analyzed by descriptive, correlation, and linear regression analyses. Results showed that: 1) Participants exhibited high levels of both resilience and motivated second language learning behavior; 2) A moderate significant positive correlation existed between resilience and motivated second language learning behavior, with the sub-component of empathy displaying the strongest positive correlation; 3) Empathy emerged as the most influential predictor for motivated second language learning behavior. These results provide valuable insights for fostering resilience, enhancing motivated second language learning behavior, and preventing demotivation in foreign language education.

The effect of L2 willingness to communicate on compliment production and pragmatic awareness of English major undergraduates, by Chuxin Pan & Xueping Xu (p. 53)

L2 willingness to communicate, as a key indicator to measure effectiveness of second language acquisition, has not only been a heated research topic, but also exerted crucial influence on acquisition of second language pragmatics. Nonetheless, current researchers seldom explore how L2 willingness to communicate is related to pragmatic production and pragmatic awareness, particularly paying less attention to Chinese EFL learners. Therefore, this study, targeting English major undergraduates from a Chinese university as participants and taking the speech act of compliment as the research focus, investigated the influence of L2 willingness to communicate on compliment production and pragmatic awareness, utilizing questionnaire of L2 willingness to communicate, written discourse completion task, compliment appropriateness judgement task and retrospective interview to collect data. Slightly different from previous studies, the current study found that participants with varying levels of L2 willingness to communicate showed no significant difference in compliment production and pragmatic awareness. Additionally, L2 willingness to communicate had no correlation to compliment production, but a weak negative correlation to pragmatic awareness. The study is expected to provide a new perspective for current domestic college English pragmatic teaching, second language pragmatic research and textbook compilation, aiming to effectively foster English majors' intercultural communicative competence and pragmatic awareness.

Interactive alignment in second language learning: Retrospect and prospect, by Min Wang & Zhaojie Song (p. 70)

Linguistic alignment refers to the phenomenon of interlocutors converging in linguistic behavior in interaction by reusing each other's expressions, structures, and pronunciation patterns. Psychological research has demonstrated that alignment is ubiquitous in human communication, holding a pivotal role in language acquisition. Currently, alignment is gaining increasing attention in the domain of second language acquisition and foreign language instruction. This paper provides a critical review of recent research on L2 alignment, aiming to equip L2 researchers with a nuanced understanding of pertinent theories, methodologies, and current paradigms. Based on a brief introduction to the theoretical underpinnings of alignment, empirical research is critically reviewed with a focus on the alignment in natural dialogue and non-linguistic alignment. Noteworthy attention is also directed towards L2 alignment in continuation tasks. Finally, future directions for L2 alignment research are suggested.

Structural priming in second language sentence comprehension: Review and reflection, by Hang Wei & Zhibo Ge (p. 84)

As a research paradigm, structural priming has great value in investigating the representation and development of L2 syntactic knowledge as well as in exploring the mechanisms of L2 syntactic learning. There have been comprehensive reviews on structural priming in L2 production, but structural priming in L2 sentence comprehension has so far received little attention. This article systematically reviews previous studies on structural priming in L2 sentence comprehension over the past decade, summarizes the main findings as well as shortcomings of previous studies, and explores directions for future research.

The influence of input features on language statistical learning, by Yao Chen, Ruolin Chen & Li Li (p. 96)

Statistical learning, a cognitive process rooted in input data for rule extraction, holds a pivotal role in language rule processing. Consequently, the interplay between language and statistical learning has attracted considerable attention. Within this realm, language statistical learning, grounded in linguistic principles, has received relatively less scrutiny, especially in terms of the impact of input characteristics. Investigating this matter contributes to the development of materials tailored to align with learners' cognitive processes, thereby enhancing their sensitivity to language statistical rules and, ultimately, fostering language acquisition. This paper conducts a comprehensive review of pertinent research across three dimensions of input characteristics: transition probabilities, complexity, and frequency distribution. It reveals that these dimensions exert varying degrees of facilitative influence on both native and second language statistical learning. In conclusion, the article suggests that future research should integrate input features with individual cognitive factors, leverage behavioral and cognitive neuroscience techniques to delve deeper into the cognitive neural mechanisms governing the influence of input characteristics on language statistical learning, and explore the generality and specificity of these effects.

International research on L2 syntax-pragmatics interface from the perspective of generative grammar, by Junjie Hao & Min Li (p. 108)

The study of L2 syntax-pragmatics interface acquisition has become a hot topic in generative SLA since the interface hypothesis was proposed. Based on articles published in SSCI-indexed journals on the Web of Science, the present study systematically reviews studies on L2 syntax-pragmatics interface acquisition abroad. It finds that studies mainly focused on two major language phenomena: anaphora and non-canonical word orders. In terms of research methods, existing studies exhibited multiple paradigms and multidimensional characteristics with psycholinguistic methods in the center, supplemented by corpus methods, and stretching into neurocognitive science in the meantime. Future research can further expand the language structures and types at the syntax-pragmatics interface, deepen research on the influencing factors on L2 syntax-pragmatics interface, and strengthen related pedagogical research.

格式体例

实行网上投稿，网址为https://chinasllr.cbpt.cnki.net。请参照本格式要求和网站上的相关要求投稿。

1. 稿件构成

- 论文中文标题、中文摘要、中文关键词、论文正文（含参考文献）
- 论文英文标题、英文摘要（另页）
- 附录等（如果有）
- 作者姓名、单位（中英文）、通信地址、电话号码、Email地址

2. 摘要与关键词

论文须附中、英文摘要；中文摘要200—300字，英文摘要150—200词。另请择出能反映全文主要内容的关键词2—4个。

3. 基金项目与致谢

可在论文首页标题后加脚注，注明论文的基金项目名称及编号。项目名称放在引号里，后面是括号，括号里为项目编号。例如：本文系国家社科基金项目“xxx”（项目编号：xxx）的阶段性成果。如需要，还可在此处致谢。

4. 正文

4.1 结构层次

正文分为若干节（section），每节可分为若干小节（subsection）。

4.2 标题

节标题、小节标题独占一行，左对齐。层级编码依次使用1、2、3……（一级标题），1.1、1.2、1.3……（二级标题），1.1.1、1.1.2、1.1.3……（三级标题）。小节号后空一格，不加顿号或小数点，然后是小节标题。

4.3 字体

正文用五号字。中文用宋体，英文用Times New Roman字体。

英文倾斜字体的使用范围主要是：

（1） 标示所强调的单词。如：

The most frequently used word in English is *the*.

（2） 标示尚未被普遍接受的外来词。如：

Jiaozi is a very popular food in China.

（3） 出版的作品，如书名、报刊名等。

（4） 统计量，如*SD*，*M*，*t*，*F*，*p*等，图表中的统计量可根据需要换为较小的字号。

4.4 图表

图题置于图的下方，表题置于表的上方。图号/表号的格式为“图/表+带小数点的阿拉伯数字”。图表的字体一般为宋体小五；如果需要，可以适当采用较小的字号。图表的行距为单倍。

4.5 参引

一切直接或间接引文以及论文所依据的文献均须通过随文圆括号参引（in-text parenthetical reference）标明其出处。参引的内容和语言须与正文之后所列参考文献的内容和语言一致。

作者名字如果是英文或汉语拼音，不论该名字是本名还是译名，参引时都仅引其姓。其他民族的名字或其译名如果类似英文名字，参引时比照英文名字。转述某作者或某文献的基本或主题观点，或仅提及该作者或该文献，只需给出文献的出版年，如：

陈前瑞（2003）认为，汉语的基本情状体分为四类，即状态、活动、结束、成就。

直接或间接引述某一具体观点，须给出文献的页码，格式是“出版年：页码”，如：

吕叔湘（2002：117）认为，“成”作动词时，有四个义项：1）成功、完成；2）成为；3）可以、行；4）能干。

如作者的名字不是正文语句的一个成分，可将之连同出版年、页码一起置于圆括号内。如：

这是社交语用迁移的影响，即“外语学习者在使用目的语时套用母语文化中的语用规则及语用参数的判断”（何兆熊 2000：265）。

圆括号内的参引如果不止一条，一般按照出版年排序。同一作者的两条参引之间用逗号隔开，如：Dahl（1985，2000a，2000b）；不同作者的参引之间用分号隔开。

文献作者如果是两个人，参引时引两个人的名字。中文的格式是在两个名字之间加顿号，如“吕叔湘、朱德熙（1952）”；英文的格式是在两个姓之间加“&”，表示“和”，如“Li & Thompson（1981）”。文献作者如果是三人或三人以上，参引时仅引第一作者的名字。格式是在第一作者的姓之后加拉丁语缩略语“*et al.*”，如“夸克 *et al.*（1985/1989）”“Quirk *et al.*（1985）”，“*et al.*”为斜体。

4.6 随文圆括号夹注

除了用于参引外，随文圆括号夹注主要用于提供非常简短的说明、译文的原文以及全名的缩写或全称的简称。如：

对于莎士比亚学者来说，最重要的词典有两部：一部是 19 世纪 70 年代德国人 Alexander Schmidt 以德意志民族特有的勤奋及钻研精神编纂的两卷本巨著 *Shakespeare Lexicon and Quotation Dictionary*（1874/1902/1971，以下简称 *Lexicon*），另一部是 *Oxford English Dictionary*（1884—1928/1989，通常简称 *OED*）。

随文夹注的字体同正文的默认字体。

4.7 脚注

一般注释采用脚注的形式，即在正文需注释处的右上方按顺序加注序号1、2、3……，在正文页脚写出对应序号1、2、3……和注文。

4.8 例证/例句

例证/例句宜按顺序用（1）（2）（3）……将之编号。每例另起一行，左缩进一个中文字符。编号与例句之间不空格，回行时与上一行例证/例句文字对齐。外文例证/例句可酌情在圆括号内给出中译文。

5. 参考文献

中外文参考文献分别排列，外文文献在前，中文文献在后。首行左对齐，悬挂缩进2字符。按作者姓名字母或拼音顺序排列。中文作者的姓名全都按姓+名的顺序给出全名。英文仅第一作者的姓名（或汉语拼音姓名）按照姓+名的顺序给出，姓与名之间加英文逗号，其他作者的姓名按其本来顺序给出。英文作者的名仅给出首字母。如果文献作者的署名包括中文名和英文名，请一并加上。

同一作者不同出版年的文献按出版时间的先后顺序排列，同一年的出版物按照文献标题首词的顺序排列，在出版年后按顺序加a、b、c以示区别。

外文论文（包括学位论文）的篇名以正体书写，外文书名以斜体书写。篇名仅其首词的首字母大写，书名的首词、尾词以及其他实词的首字母大写。

篇名和书名后加注文献类别标号，专著标号为[M]，论文集为[C]，论文集内文章为[A]，期刊文章为[J]，尚未出版之会议论文为[R]，博士学位论文和硕士学位论文为[D]，词典及其他为[Z]，网上文献为[OL]。

外文期刊名称后的数字是期刊的卷号，通常是每年一卷，每卷统一编页码。如没有卷号只有期号，则期号须置于圆括号内；如有卷号但每一期单独编页码，须在卷号后标明期号并将期号置于圆括号内。通常中文期刊，只在圆括号内写明期号；中文集刊，可在圆括号内写明辑号。

关于网络文献或网络首发、尚未排期的文献，可加上文章编号和doi号，如果有卷、期号也请加上。